Girl's simple clothes

심플하고 귀여운 여자아이 옷

풍성한 주름에 쪼르륵 달린 단추.
엄마들이 무척이나 좋아하는 디자인이죠.
하지만 옷을 처음 만드는 분에게는
조금 어렵고 까다롭게 느껴질 수 있지요.

옷을 좀 더 쉽게 만들 수는 없을까?

이런 바람을 담아
심플하면서도 귀여운 옷을 많이 실었습니다.

나중에 커서도 입을 수 있게
깜찍한 느낌보다는 살짝 폼 나는 스타일로!

신나게 뛰놀 때도, 근사한 외출복으로도
매일매일 즐겨 입을 수 있는 옷입니다.

a sunny spot
무라타 마유코

a sunny spot
Contents

#01
둥근 칼라 턱 원피스

p.4

#02
프릴 소매의
하늘거리는 블라우스

p.6

#03
도트 무늬
셔츠 원피스

p.8

#04
멜빵 스커트

p.10

#05
심플 원피스

p.12

#11
플레어 스커트

p.18

#12
풍성한 플레어의
A라인 원피스

p.20

#13
배낭

p.20

#14
프릴 칼라의
레이스 블라우스

p.22

#15
벌룬 팬츠

p.22

#20
숄더백

p.30

#21
드롭 숄더 코트

p.32

커플로 입는 **a sunny spot**의 엄마 옷
p.34-35
Ladies
#01 #02 #03

#06
나풀나풀
소매 블라우스

p.14

#07
팬츠 달린
망사 스커트

p.15

#08
칼라 밴드 달린 셔츠

p.16

#09
가우초 팬츠

p.17

#10
퍼프 블라우스

p.18

#16
킬트풍의
퀼로트 팬츠

p.24

#17
플리츠 원피스

p.26

#18
살로페트 팬츠
(멜빵바지)

p.28

#19
턱 스커트

p.30

Sewing lesson
둥근 칼라 턱 원피스 p.36

Point lesson
고리 만드는 법 p.39
옆 포켓(심 포켓) 만드는 법 p.40

How to make p.41-79

★ 본지에 게재된 작품은 작가의 창작 디자인으로, 제작해 상업적으로
판매하는 것을 금합니다. 손수 만들어 즐기는 것으로만 이용해주세요.

뒤 몸판에도 턱을 넣어서

a sunny spot : **Girl's simple clothes**

#01

둥근 칼라 턱 원피스

How to make : p.36
(Lesson)

가슴 부분에 턱(주름)을 넣고, 흰색 둥근 칼라로 멋을 낸 원피스. 소매를 따로 연결할 필요가 없어 만들기가 간단하다.

a sunny spot : **Girl's simple clothes**

#02
프릴 소매의 하늘거리는 블라우스
How to make : p.47

어깨처짐선에서 밑단을 향해 퍼지는 완만한 실루엣. 소맷부리의 프릴이 더없이 사랑스러운 블라우스.

뒤트임의 고리에 리본을 원 포인트로
달았다. 자세한 설명은 P.39 참조.

a sunny spot : **Girl's simple clothes**

#03

도트 무늬 셔츠 원피스

How to make : p.58

둥근 칼라의 산뜻한 셔츠 원피스. 요크 이음선에 파이핑 테이프를 끼워서 포인트를 주었다. 오픈해서 코트처럼 걸쳐도 멋스럽다.

안단과 칼라의 안감이 머스터드. 보이지 않는 곳까지도 감각 있게!

a sunny spot : **Girl's simple clothes**

#04

멜빵 스커트

How to make : p.50

움직일 때마다 나풀거리는 플레어 스커트가 귀엽다. 가슴받이가 달린 멜빵 스커트.

a sunny spot : **Girl's simple clothes**

◻ *Seam pocket*

COLUMN 1

포켓 이야기

손수건이나 휴지를 넣기에 좋은 '옆 포켓'. 학교에 입고 다니는 옷에 달려 있으면 매우 편리하다. 만드는 법만 알면 다른 옷에도 두루두루 활용할 수 있으니 이번 기회에 꼭 마스터해보자. 옆 포켓(심 포켓)에 대한 자세한 설명은 P.40에서 소개.

#05

심플 원피스

How to make : p.64

A라인 원피스의 허리에 고무줄만 넣어서 완성했다. 입고 벗기 간편하고 조금은 성숙한 분위기를 낸다.

a sunny spot : **Girl's simple clothes**

a sunny spot : **Girl's simple clothes**

#06

나풀나풀 소매 블라우스

How to make : p.60

리버티 프린트(작은 꽃무늬)의 귀여운 풀오버 블라우스. 나풀나풀 소매는 고학년이 돼서도 어울리게 조금 얌전한 느낌으로.

a sunny spot : **Girl's simple clothes**

#07

팬츠 달린
망사 스커트

How to make : p.49

소녀다운 감성으로 인기 있는 튈(망사) 스커트. 안에 팬츠가 달려 있어서 활달한 여자아이가 입어도 안심이 된다.

a sunny spot : **Girl's simple clothes**

#08

칼라 밴드 달린 셔츠

How to make : p.56

리버티 프린트의 칼라 밴드 달린 베이식 셔츠. 칼라만 색을 바꾸거나 무지 또는 깅엄체크로 만들어도 귀엽다.

a sunny spot : **Girl's simple clothes**

#09

가우초 팬츠

How to make : p.73

밑단을 향해 넓게 퍼지는 7부 데님 팬츠. 흰색으로 박아 악센트를 준다. 활동하기 편하고 코디하기 좋은 아이템.

a sunny spot : **Girl's simple clothes**

a sunny spot : **Girl's simple clothes**

#10, 11
퍼프 블라우스 & 플레어 스커트

How to make :
p.45 (블라우스), p.53 (스커트)

볼록한 소매는 소매를 붙이지 않고 소맷부리에 고무줄만 넣었다. 니트지로 만들어도 귀여운 간단 블라우스와 서큘러 실루엣의 스커트.

□ *Back opening*

COLUMN 2

뒤트임 이야기

단춧구멍을 만드는 일이 어렵다면 간단하게 뒤트임으로 대신할 수가 있다. 목둘레를 바이어스로 마무리한 뒤 리본으로 묶어도 되지만, 단추 고리를 이용하는 편이 더 안전하다. 얇은 고리를 뒤집는 과정이 까다로워 보여도, 요령만 알면 쉽게 만들 수 있다. 귀여운 단추로 장식하거나 그날 기분에 따라 리본을 달아도 멋스럽다. 자세한 설명은 P.39 참조.

#12, 13

풍성한 플레어의
A 라인 원피스
& 배낭

How to make :
p.46 (원피스), p.76 (배낭)

하나만 입거나 아래에 팬츠를 받쳐 입어도 귀여운 A라인 원피스. 매력적인 굵은 보더 배낭은 입구를 주머니처럼 해서 만들기 쉽다.

a sunny spot : **Girl's simple clothes**

a sunny spot : **Girl's simple clothes**

#14, 15

프릴 칼라의
레이스 블라우스
& 벌룬 팬츠

How to make :
p.62(블라우스), p.54(팬츠)

레이스지의 블라우스는 목둘레를 빙
두르는 프릴이 포인트. 밑단을 오므린
벌룬 팬츠와 코디해보자.

a sunny spot : **Girl's simple clothes**

블라우스는 7부 소매,
팬츠에는 포켓을 달았다.

목둘레 프릴은 뒤까지 둥글게

a sunny spot : **Girl's simple clothes**

a sunny spot : **Girl's simple clothes**

#16

킬트풍의 퀼로트 팬츠

How to make : p.68

앞에서 보면 전통 킬트풍의 랩 스커트 지만 뒷모습은 퀼로트. 울처럼 포근한 천으로 만들어도 예쁘다.

천을 바꿔서 만들거나 코디를 바꾸기만 해도 사계절 내내 입을 수 있다.

a sunny spot : **Girl's simple clothes**

#17

플리츠 원피스

How to make : p.66

로 웨이스트의 플리츠 라인이 귀엽다.
천에 따라 캐주얼하게 입거나 입학 졸
업식 같은 행사에 단정하게 입을 수도
있는 원피스.

a sunny spot : **Girl's simple clothes**

플란넬이나 코듀로이로 만들어
가을·겨울에도 사랑스럽게!

a sunny spot : **Girl's simple clothes**

팬츠 뒤쪽에 포인트로
플랩만 있는 가짜 포켓
을 달았다.

#18

살로페트 팬츠

How to make : p.52

턱을 넣은 쇼트 팬츠에 가슴받이를 달
았다. 천을 바꿔 봄·여름용 살로페트
팬츠(멜빵바지)로!

#19, 20

턱 스커트 & 숄더백

How to make :
p.72(스커트), p.78(백)

자석 단추라 열고 닫기 편하다. 안감은 산뜻한 스트라이프로.

간단하게 만드는 귀여운 턱 스커트. 숄더백은 지갑이나 수첩 등을 가지고 다니기 편리한 사이즈.

a sunny spot : **Girl's simple clothes**

a sunny spot : **Girl's simple clothes**

#21

드롭 숄더 코트

How to make : p.74

뒤쪽 턱과 앙증맞은 칼라가 포인트. 어깨 라인이 툭 떨어져 다른 옷 위에도 걸치기 좋은 드롭 숄더 타입의 스프링 코트.

a sunny spot　Arrangement same design's clothes for Ladies

커플로 입는
a sunny spot의 엄마 옷

어른용은 뒤트임에 고리 대신 리본으로 묶었다

Ladies
#01

프릴 소매의
하늘거리는 블라우스

How to make : p.48

아이 옷과 같은 디자인을 어른 사이즈로 만들었다. 얇은 천으로 만들면 실루엣이 더 예쁘게 떨어진다.

Kids : p.6

Ladies
#02

턱 원피스

How to make : p.36

어른용은 깜찍한 느낌의 둥근 칼라를 없애고, 깔끔하고 세련되게 가슴 부분에 턱을 넣어 원피스로 만들었다.

Kids : p.4

Ladies
#03

킬트풍의 스커트

How to make : p.70

허리는 고무줄로, 직선 부분만으로 만들 수 있어서 간단하다. 어른용은 뒤도 스커트로 완성.

Kids : p.24

Sewing lesson

아이용 p.4 어른용 p.35

앞가슴에 턱을 넣은 둥근 칼라 원피스를 만들어보자.
어른용은 칼라 없이 아이용 본체와 같은 방법으로 만든다.

○ 실물 대형 옷본

아이용	A면【01】	1-앞 몸판, 2-뒤 몸판, 3-앞 안단, 4-뒤 안단, 5-칼라
어른용	D면【02】	1-앞 몸판, 2-뒤 몸판, 3-앞 안단, 4-뒤 안단

○ 완성 사이즈

아이용 (100/ 110/ 120/ 130/ 140/ 150 사이즈)
가슴둘레＝69.6 / 72.6 / 77.6 / 81.6 / 83.2 / 89.2cm
옷 길이＝62 / 67 / 72 / 77 / 82 / 87cm

어른용 (S/ M/ L 사이즈)
가슴둘레＝99 / 103 / 107cm
옷 길이＝92.5 / 94.5 / 96.5cm

○ 재료

아이용 (100/ 110/ 120/ 130/ 140/ 150 사이즈)
• 부드러운 리넨(스모크 블루) 110cm 폭×150/ 160/ 170/ 180/ 190/ 200cm
• 코튼(흰색) 110cm 폭×30cm
• 접착심지 70×25cm   • 지름 1.1cm 단추 1개

어른용 (S/ M/ L 사이즈)
• 코튼(카키) 110cm 폭×230cm
• 접착심지 70×25cm   • 지름 1.1cm 단추 1개

○ 재단 배치도

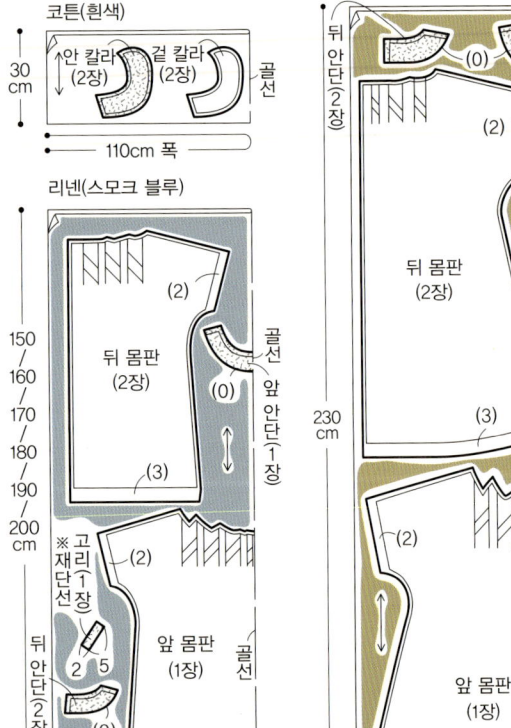

* ( ) 안은 시접. 지정된 곳 이외는 1cm
* ▨는 안쪽에 접착심지를 붙인다

Lesson

※ 아이용 옷으로 만드는 과정을 설명한다. 이해하기 쉽게 다른 색
  천과 붉은색 실을 사용했다.

준비한다

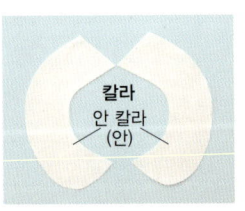
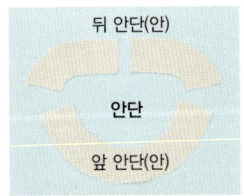

칼라(안 칼라만)와 안단(앞, 뒤 모두) 안쪽에 접착심지를 붙인다.
※ 사진은 흰색 접착심지를 붙였다

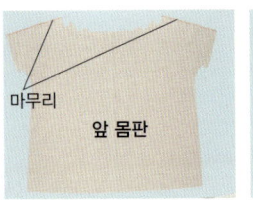
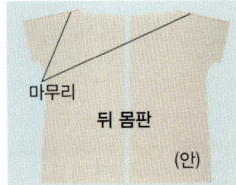

앞 몸판과 뒤 몸판의 어깨에 지그재그 박기(또는 오버록)를 해
서 시접을 마무리한다.

1 턱을 박아 몸판을 만든다

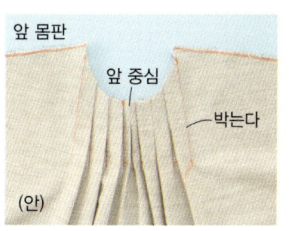
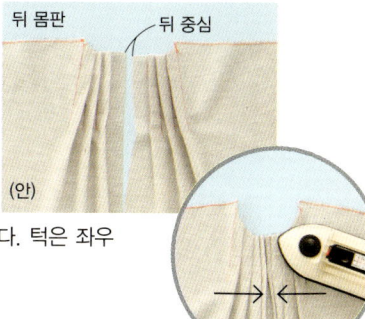

1 앞 몸판과 뒤 몸판의 턱을 박는다. 턱은 좌우에서 중심을 향해 눕힌다.

Point 턱 바느질법

옷본의 턱 선 중간에 접는 선을 그려 넣는다. 그 접는 선을 잡고 턱 선끼리 겉끼리 맞대어 박는다.

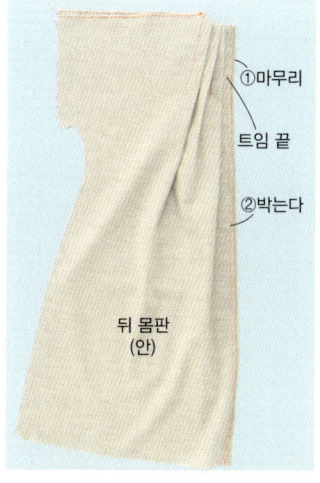
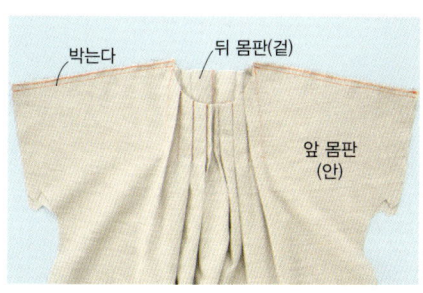

2 뒤 몸판의 뒤 중심 시접을 각각 마무리한다. 겉끼리 맞대어 트임 끝까지 박는다.

3 앞 몸판과 뒤 몸판을 겉끼리 맞대어 어깨를 박는다. 시접은 가른다.

2 칼라와 안단을 만들어 몸판에 단다

※어른용은 칼라 없이 3, 4, 5, 6, 7, 8, 9 순으로 만들면 된다.

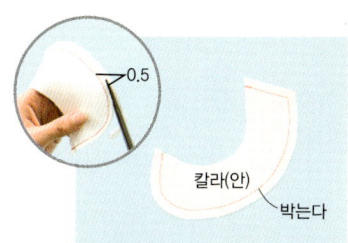
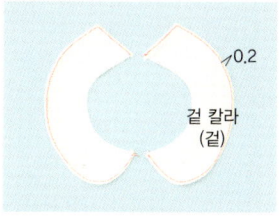
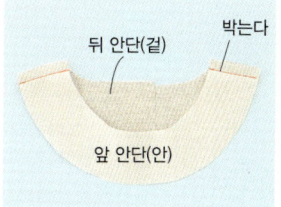
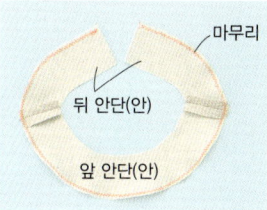

1 겉 칼라와 안 칼라를 겉끼리 맞대어 다는 쪽을 남기고 박는다. 시접은 0.5cm로 자른다.
※다른 한 개도 같은 방법으로 만든다

2 칼라를 겉으로 뒤집어 다는 쪽을 제외한 주위에 눌러박기를 한다.

3 앞 안단과 뒤 안단을 겉끼리 맞대어 어깨를 박는다. 시접은 가른다.

4 안단의 바깥쪽 시접을 빙 둘러 마무리한다.

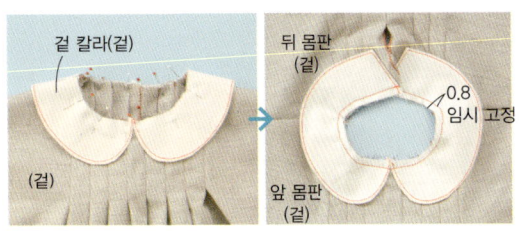

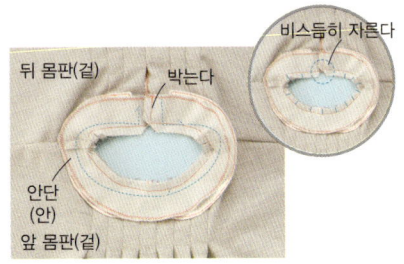

5 몸판에 칼라를 시침핀으로 꽂고 목둘레를 임시로 고정한다.

6 P.39를 참조해서 고리를 만들어 뒤 몸판의 트임에 임시로 고정한다.

7 칼라 위에 안단을 겉끼리 맞대어 뒤 중심부터 목둘레를 빙 둘러 박는다. 겉으로 뒤집기 좋게 시접에 가위집을 넣고 모서리를 비스듬히 자른다.

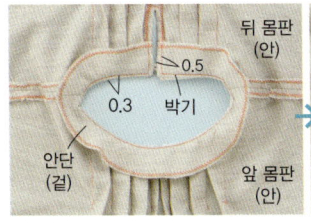

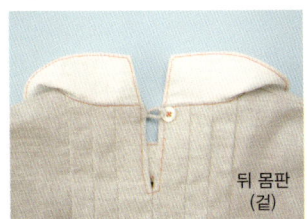

8 안단을 겉이 보이게 뒤집어 트임 시접을 접고, 뒤 중심부터 트임, 목둘레를 빙 둘러 눌러박기 한다.(칼라는 박아 넣지 않는다.)

겉에서 본 모습

9 뒤 몸판에 단추를 단다(다는 위치는 위에서 0.8, 끝에서 1cm).

3 소맷부리, 옆, 밑단을 박는다

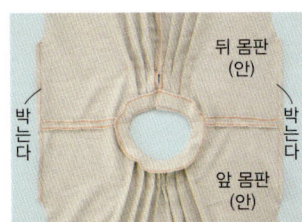

1 소맷부리를 1→1cm로 2번 접어(세 겹으로) 박는다.

2 앞 몸판과 뒤 몸판을 겉끼리 맞대고 소매 아래부터 옆을 박는다. 시접은 2장을 함께 마무리해서 뒤 몸판 쪽으로 눕힌다.

3 밑단을 1→2cm로 2번 접어 박는다.

완성!

Point lesson
알아두면 좋은 바느질

실제로 활용도가 높아 한번 배워두면 다른 옷을 만들 때도 응용할 수 있는 바느질이다.

#01 고리 만드는 법

 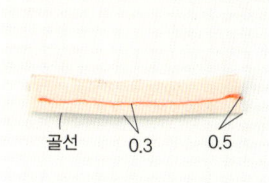 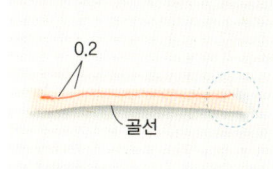 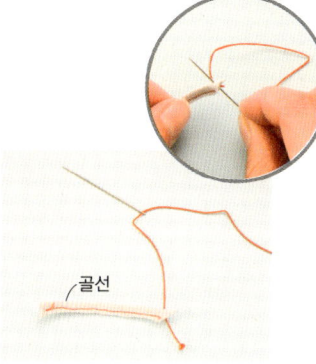

1 안쪽에 접착심지를 붙인다.

2 겉끼리 맞닿게 1번 접어 박는다. 나중에 뒤집기 좋게 시작은 약간 굵게 박는다.

3 여분 시접을 자른다. 굵은 쪽을 조금 비스듬히 자른다.

4 바늘에 실을 꿰서 매듭을 짓고 굵은 쪽을 꿰맨다. 같은 곳을 2~3회 꿰맨다.

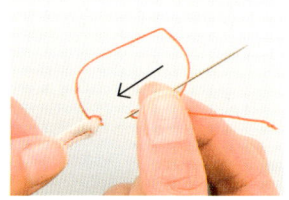  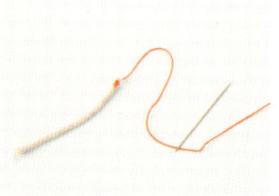 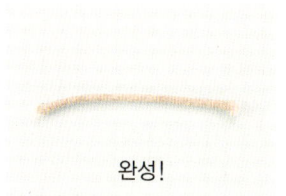

5 바늘귀 쪽으로 고리에 바늘을 넣는다.

6 세게 당기지 말고 천이 쏙 들어가게 천천히 바늘을 빼낸다.

7 바늘을 빼내어 겉으로 뒤집은 모습.

완성!

Arrangement 고리로 뒷모습까지 귀엽게

단추에 공들이거나 고리에 리본을 달아도 예쁘다. 약간의 노력과 아이디어로 심플한 뒤트임도 귀엽고 멋스럽게 연출할 수 있다.

다양한 고리 & 단추

플리츠 원피스 p.26
같은 천 고리에 꽃 모양의 조개 단추

플리츠 원피스 p.27
고리도 싸개 단추도 리버티 프린트

A 라인 원피스 p.20
고리는 같은 천, 단추는 스트라이프 싸개 단추

심플 원피스 p.12
같은 천 고리에 단순한 조개 단추

고리에 리본을 달아서

리본을 만들고(만드는 법 → P.47 참조), 고리에 꿰서 한 번 묶기만 하면 된다. 여러 가지 천으로 만들어 그날그날 코디에 맞춰서 달아보자.

같은 천으로 만든 경우

#02 옆 포켓(심 포켓) 만드는 법

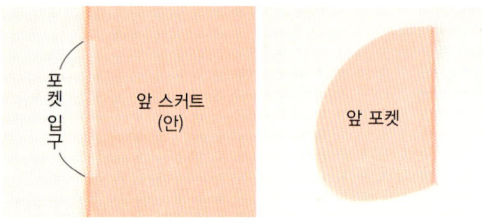
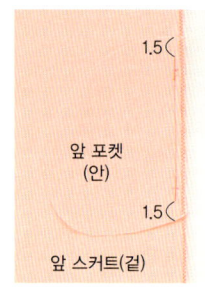
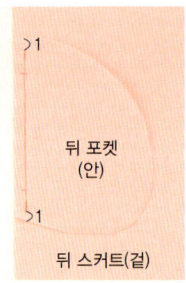

1 앞 스커트(몸판) 안의 포켓 입구에 접착 테이프를 붙이고 옆을 마무리한다. 앞 포켓의 포켓 입구를 마무리한다.

2 포켓과 몸판(스커트)을 각각 겉끼리 맞대어 박는다.

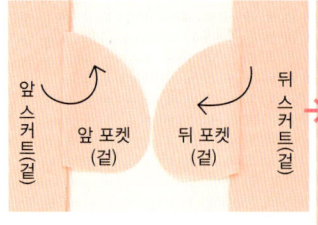
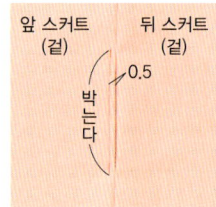

3 포켓을 사진처럼 눕히고, 스커트(몸판)끼리 겉끼리 맞대어 포켓 입구를 제외한 옆을 박는다.
※이때 포켓 시접을 넣고 박지 않도록 주의!

4 시접을 가르고, 앞 스커트(몸판) 시접의 포켓 입구 부분을 박는다(사진 오른쪽은 안쪽에서 본 모습).

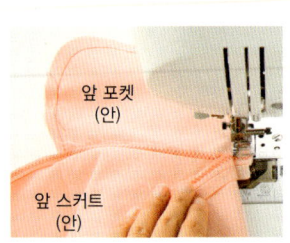
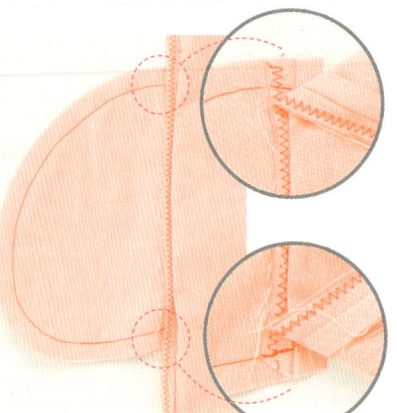

5 포켓을 겉끼리 맞대어 박는다. 시작은 앞 스커트 쪽 시접에서 시접까지로, 관계없는 곳을 넣고 박지 않도록 주의한다.

6 포켓의 시접을 2장 함께 처리한다. ※5와 같이 옆 시접을 피해 끝에서 끝까지 마무리한다.

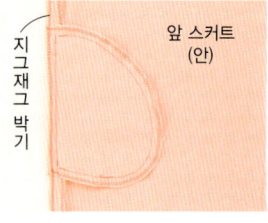
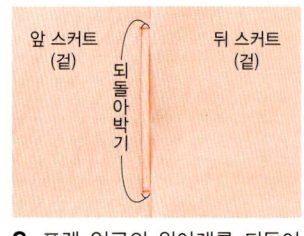

7 뒤 스커트(몸판)의 옆을 마무리한다. 이때 뒤 포켓의 시접도 함께 마무리한다.

8 포켓 입구의 위아래를 되돌아 박기 하면 완성.

Q. 심 포켓(seam pocket)이란?

옆의 솔기선을 이용해 만들어 겉에서는 보이지 않는 포켓.

How to make

들어가며

- 이 책에서는 100·110·120·130·140·150의 6 사이즈를 만들 수 있다.
- 재료의 치수는 100/ 110/ 120/ 130/ 140/ 150 순으로 되어 있다.
- 재단 배치도는 110 사이즈 옷본에 맞춰서 파트를 배치한다.
  다른 사이즈로 만들 경우 배치가 약간 달라지니, 재단하기 전 반드시 천에 모든 파트를 배치해 본다.
- 스커트나 허리 벨트 같은 직선 파트인 경우 옷본이 없는 것이 있다.
  이런 경우 재단 배치도에 나와 있는 치수대로 시접을 넣고 천에 바로 선을 그려서 재단한다.
- 옷본에는 시접이 포함되어 있지 않다. 재단 배치도를 참조해서 시접을 넣는다.
- 특별히 지정하지 않은 경우 단위는 cm이다.
- 재료의 고무줄은 아이의 허리둘레에 맞춰서 조절한다.
  (대략 허리둘레의 80% 길이)

○사이즈에 대하여

기준 사이즈는 누드 치수이다. 아래 사이즈표를 보고 아이 치수와 가까운 사이즈를 선택한다. 사이즈가 애매할 경우, 품(체형)이 가까운 쪽을 선택하고, 옷 길이나 스커트 길이, 팬츠 길이는 아이에 맞춰서 조절한다.

[스커트·팬츠 길이]
앞 중심
밑단

[옷 길이]
NP(넥 포인트)
밑단

기준 사이즈표

사이즈	100	110	120	130	140	150
신장	95~105	105~115	115~125	125~135	135~145	145~155
가슴둘레	54	58	62	66	70	74
허리둘레	49	51	53	55	57	60
엉덩이둘레	57	61	64	68	72	75

기준 사이즈는 누드 치수이다. 모델 아이는 키가 113cm이고 110 사이즈를 입고 있다.

Sewing note — 옷을 만들기 전 알아두어야 할 것

옷본

- 부록의 실물 대형 옷본은 여러 개의 작품 선이 겹쳐 있다. 패턴지나 투사지 등 비치는 종이에 베껴서 사용한다. 또 시접이 포함되어 있지 않기 때문에 재단 배치도를 참조해서 시접을 넣는다.

- 옷본은 '만드는 법' 페이지에서 실물 대형 옷본이 있는 파트를 확인하고, 재단 배치도로 파트의 모양을 확인해 찾는다. 파트의 번호와 이름이 옷본 주변에 쓰여 있기 때문에 그곳부터 살피면 쉽게 찾을 수 있다.

☐ 옷본 베끼는 법

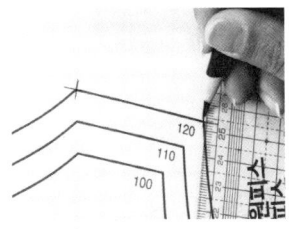 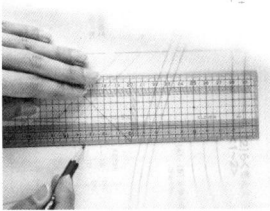 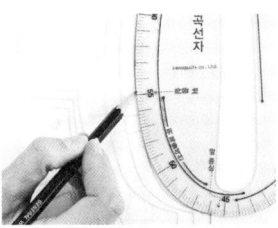 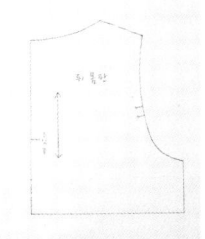

1 옷본을 선택해, 모서리 같은 포인트를 눈에 띄는 색으로 표시한다.

2 옷본 위에 비치는 종이를 겹쳐 자를 이용해 베낀다.

3 곡선은 곡선자를 이용하면 베끼기 편하다.

4 파트 이름과 식서 방향, 맞춤 표시 등의 기호도 베낀다.

☐ 시접 넣는 법

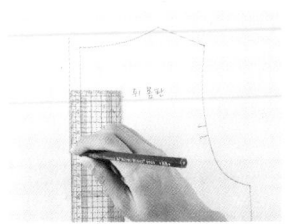 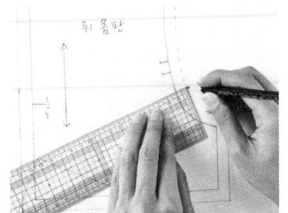 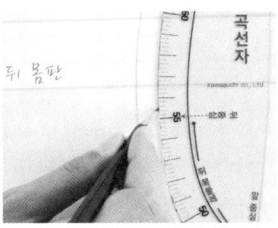 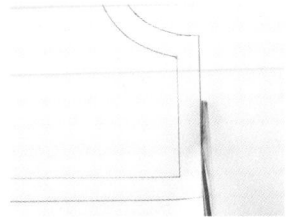

1 시접은 재단 배치도의 치수를 참조. 시접 분량을 완성선에 맞춰서 그린다.

2 곡선 부분은 시접 분량을 완성선에 직각으로 재면서 표시해간다.

3 2에서 표시한 곳을 곡선자로 깔끔하게 연결한다.

4 시접을 넣은 옷본 완성. 이대로 잘라서 사용한다.

☐ 옷본의 기호

- **↑↓ 식서 방향선** — 천의 가장자리와 평행인 세로 천
- **│ 골선** — 좌우대칭으로 둘로 접는 곳
- **I 단춧구멍** — 단춧구멍 위치
- **┤├ 맞춤 표시** — 2장의 천이 어긋나지 않도록 맞추기 위한 표시
- **│ 안단** — 안단의 옷본을 베끼는 라인

Point

소맷부리나 밑단(또는 안단 등)처럼 직선이 비스듬하게 만나는 모서리 부분은, 시접을 완성선에서 접었을 때 부족하거나 남지 않도록 시접을 넣어야 한다.

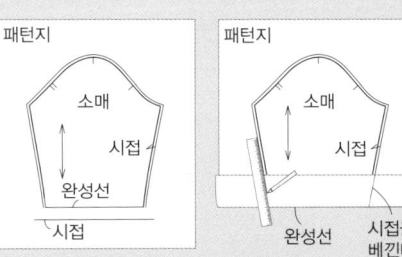 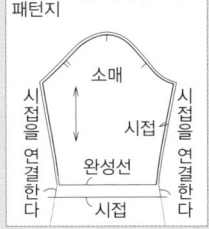

①소맷부리(또는 밑단)의 시접 선을 길게 그린다.

②패턴지를 소맷부리의 완성선에서 접고 소매 옆 라인을 베낀다.

③겉에서, ②에서 베낀 라인과 소맷부리의 시접을 연결한다.

천

천은 '만드는 법' 페이지의 재료를 참조해서 작품에 맞는 천을 준비한다. 새로 산 천은 올이 틀어져 있거나 세탁 후 줄어들 수 있으니, 재단 전 '물에 담그기·다림질'을 하는 것이 좋다.

천 재단법

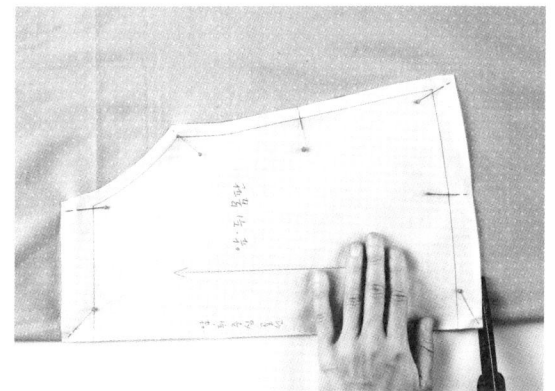

재단 배치도를 참조해서 식서 방향선에 맞춰 천을 놓고, 옷본을 시침 핀으로 살짝 뜨듯이 고정한 후, 천 끝부터 가위로 자른다.

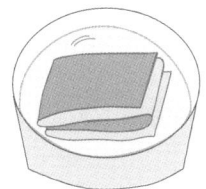
〔물에 담그기〕
충분한 물에 병풍 접기 한 천을 한 시간 정도 담가두었다가, 가볍게 짜서 올을 정돈하고 덜 마른 상태까지 그늘에서 말린다.

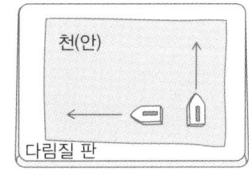
〔다림질〕
천의 올을 직각으로 정돈한 후 결대로 안쪽에서 다림질한다.

※ 니트지의 경우 늘어나기 때문에 탈수는 가볍게 손으로 누르는 정도로 해서 평평하게 말리고, 스팀다리미로 늘어나지 않게 주의해서 다린다.

접착심지에 대하여

재단 배치도에 부착 표시가 있으면 천의 안쪽에 접착심지를 붙인다. 접착심지에는 직물, 니트지, 부직포 등이 있는데, 사용하는 천에 맞춰서 선택한다.

천의 안쪽에 접착심지의 접착면을 겹치고, 헝겊을 대고 다리미로 끝부터 누르듯이 고르게 힘을 주어 붙인다.

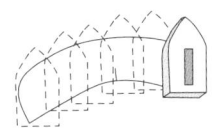
빈틈이 생기지 않도록 붙인다. 붙인 후 열기가 있는 동안은 밀리기 때문에 식을 때까지 기다린다.

바이어스 테이프 만드는 법

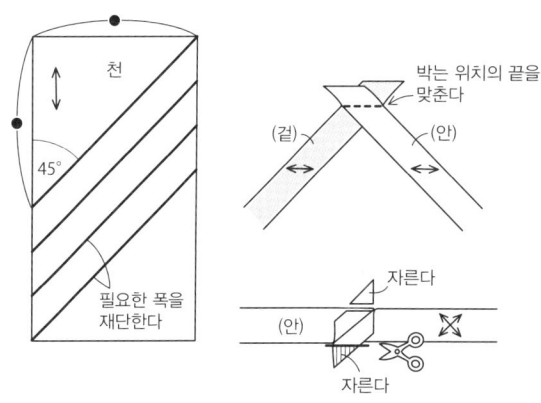

올 방향의 45도로 자른 천을 바이어스 천이라고 한다. 자른 천을 필요한 길이만큼 연결해서 사용한다.

바느질 요령

☐ 완성선을 베끼지 않고 바느질하는 법

재봉틀에 있는 눈금을 이용하면 간단히 박을 수 있다. 천 끝을 필요한 시접 폭에 맞춰서 박으면 완성선을 천에 베끼지 않고도 바느질할 수 있다. 만약 재봉틀에 눈금이 없을 땐, 바늘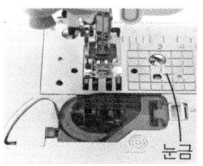
을 내린 위치에서 수직으로 원하는 폭만큼 자로 재고 테이프로 표시를 해두면 OK(사진·오른쪽).

☐ 단춧구멍의 바느질 위치

옷본에 단추 다는 위치만 표시되어 있는 경우, 단춧구멍의 시작점은 단추 다는 위치에서 오른쪽(또는 위)으로 0.2~0.3cm가 된다.

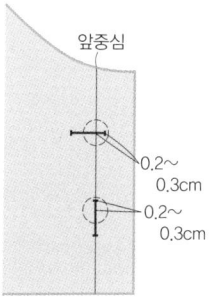

Pattern Arrange Idea

옷본 응용에 대하여

이 책에는 하나의 옷본을 응용해서 다르게 만든 작품도 다수 실려 있다. 이런 방법으로 옷을 내 취향에 맞게 변형하는 일이 가능하다. 여기 일부 예를 소개해 놓았으니, 다양한 아이디어로 새로운 옷에 도전해보자.

같은 옷본끼리 응용하기

 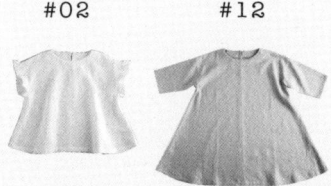 

#01 #14

P.4 '둥근 칼라 턱 원피스' 몸판은 주름 분량을 없애면 P.22 '프릴 칼라의 레이스 블라우스'와 같아진다. 턱 원피스는 목둘레를 프릴로 하거나 소매를 붙인다든지, 블라우스 길이로도 만들 수 있다. 블라우스는 둥근 칼라로 바꾸거나 반소매로도 할 수 있다.

#02 #12

P.6 '프릴 소매의 하늘거리는 블라우스'와 P.20 '풍성한 플레어의 A라인 원피스'. 소매 길이나 소맷부리의 프릴, 옷 길이로 변형을 줄 수 있다.

#03 #08

P.8 '도트 무늬 셔츠 원피스'와 P.16 '칼라 밴드 달린 셔츠'. 둥근 칼라와 각진 칼라, 반소매와 긴소매 등으로 바꿀 수가 있다. 칼라 밴드 달린 셔츠의 요크에 파이핑 테이프를 끼우는 것도 방법.

arrange

칼라 없는 턱 원피스 / 칼라 없는 턱 블라우스

프릴 칼라 턱 원피스 / 긴소매 프릴 칼라 턱 원피스

둥근 칼라 블라우스 / 둥근 칼라 긴소매 턱 블라우스

arrange

긴소매 블라우스 / 프릴 소매의 A라인 원피스

arrange

둥근 칼라의 반소매 블라우스 / 각진 칼라의 셔츠 원피스

그 밖의 응용

#10 퍼프 블라우스
니트지로도 가능한 옷본이라 퍼프 니트로 만들어도 OK.

#05 심플 원피스
허리에 고무줄 없이 A라인 원피스로.

#18 살로페트 팬츠
가슴받이를 없애고 쇼트 턱 팬츠로. 허리 벨트는 P.18 '플레어 스커트'와 같은 방법으로 달면 된다.

#10 퍼프 블라우스

○ 실물 대형 옷본
D면 [10]
1-앞 몸판, 2-뒤 몸판

○ 완성 사이즈
(왼쪽부터 100/ 110/ 120/ 130/ 140/ 150 사이즈)
가슴둘레 = 68/ 72/ 76/ 80/ 84/ 88cm
옷 길이 = 37/ 40/ 43/ 46/ 50/ 54cm

○ 재료
· 면 론(리버티 프린트 앨리스 w)
  110cm 폭×75/ 80/ 80/ 85/ 90/ 95cm
· 접착심지 10×10cm
· 지름 1cm 단추 1개
· 고무줄 0.6cm 폭×70cm(진동둘레에 맞춰서 조절한다)

재단 배치도

바느질 순서

1. 재단 배치도를 참조해서 천을 자르고, 지정된 위치에 접착심지를 붙인다
2. 몸판의 어깨와 옆과 뒤 몸판의 뒤 중심 시접에 지그재그 박기를 한다
3. 고리를 만든다(P.39 참조)

4. 뒤 중심과 어깨와 옆을 박는다

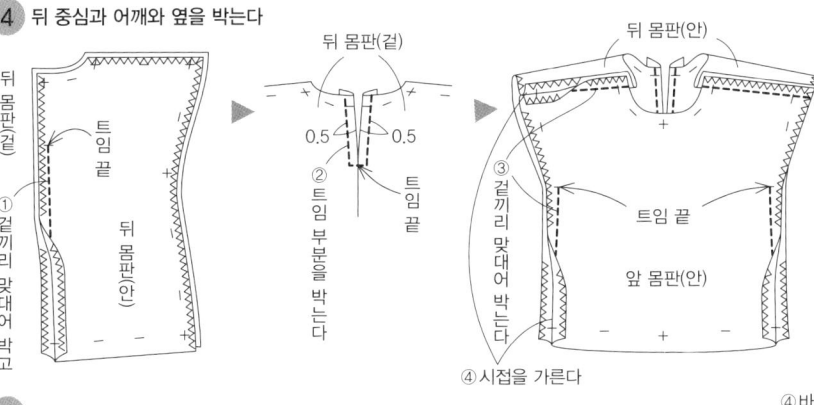

5. 목둘레를 바이어스 천으로 마무리한다

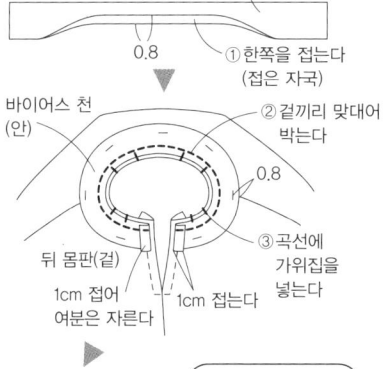

6. 진동둘레를 마무리하고 고무줄을 끼운다

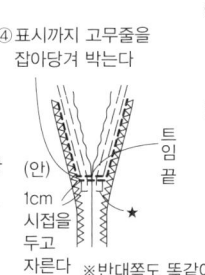

☆ = 23/24/25.5/27/28.5/30

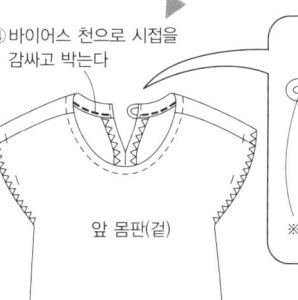

#12 풍성한 플레어의 A라인 원피스

○실물 대형 옷본
A면 [12]
1-앞 몸판, 2-앞 안단, 3-뒤 몸판, 4-뒤 안단, 5-소매

○완성 사이즈
(왼쪽부터 100/ 110/ 120/ 130/ 140/ 150 사이즈)
가슴둘레 = 88/ 92/ 96/ 100/ 104/ 108cm
옷 길이 = 58/ 64/ 70/ 76/ 80/ 84cm

○재료
· 부드러운 리넨(민트)
  110cm 폭×150/ 160/ 170/ 190/ 200/ 210cm
· 접착심지 60×30cm
· 지름 1.3cm 단추 1개

Photo: p.20

재단 배치도

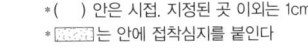

* ( ) 안은 시접. 지정된 곳 이외는 1cm
* ▨는 안에 접착심지를 붙인다

바느질 순서

1. 재단 배치도를 참조해서 천을 자르고, 지정된 위치에 접착심지를 붙인다
2. 뒤 몸판의 뒤 중심 시접에 지그재그 박기를 한다
3. 고리를 만든다(P.39 참조)
4. 어깨를 박는다
5. 뒤 중심을 박는다
6. 안단을 만들어 몸판에 단다 (P.65 7 참조)
7. 소매를 붙인다
8. 소매 아래부터 옆을 연결해서 박는다(P.47 8 참조)
9. 소맷부리와 밑단을 마무리한다
10. 단추를 단다

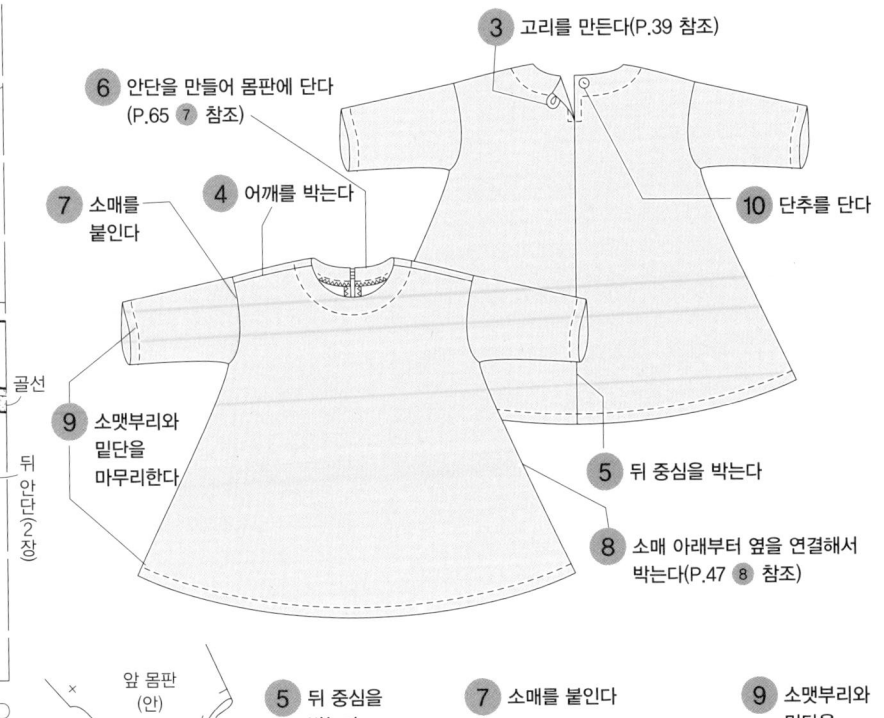

4 어깨를 박는다
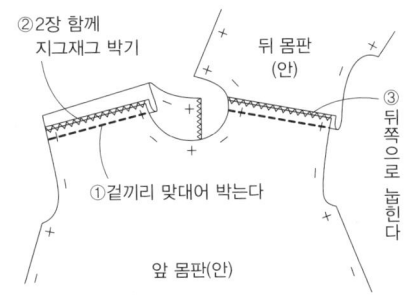

5 뒤 중심을 박는다
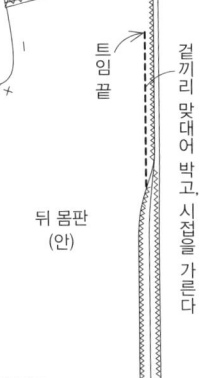

7 소매를 붙인다
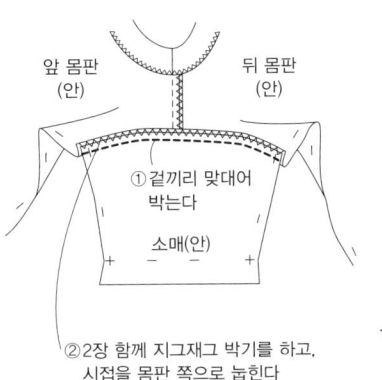

9 소맷부리와 밑단을 마무리한다
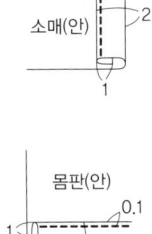

#02 프릴 소매의 하늘거리는 블라우스

○실물 대형 옷본
A면 [02]
1-앞 몸판, 2-앞 안단, 3-뒤 몸판, 4-뒤 안단, 5-프릴 소매, 6-장식 리본

○완성 사이즈
(왼쪽부터 100/ 110/ 120/ 130/ 140/ 150 사이즈)
가슴둘레 = 88/ 92/ 96/ 100/ 104/ 108cm
옷 길이 = 40/ 43/ 46/ 49/ 53/ 57cm

○재료
· 리넨(흰색) 150cm 폭×65/ 70/ 75/ 80/ 85/ 100cm
· 접착심지 60×30cm
· 지름 1.3cm 단추 1개

〈장식 리본용 천〉
· 코튼 스트라이프 25×25cm
· 리넨(흰색) 25×10cm
※ 바이어스로 자를지, 결대로 자를지에 따라 치수가 달라진다

Photo: p.6

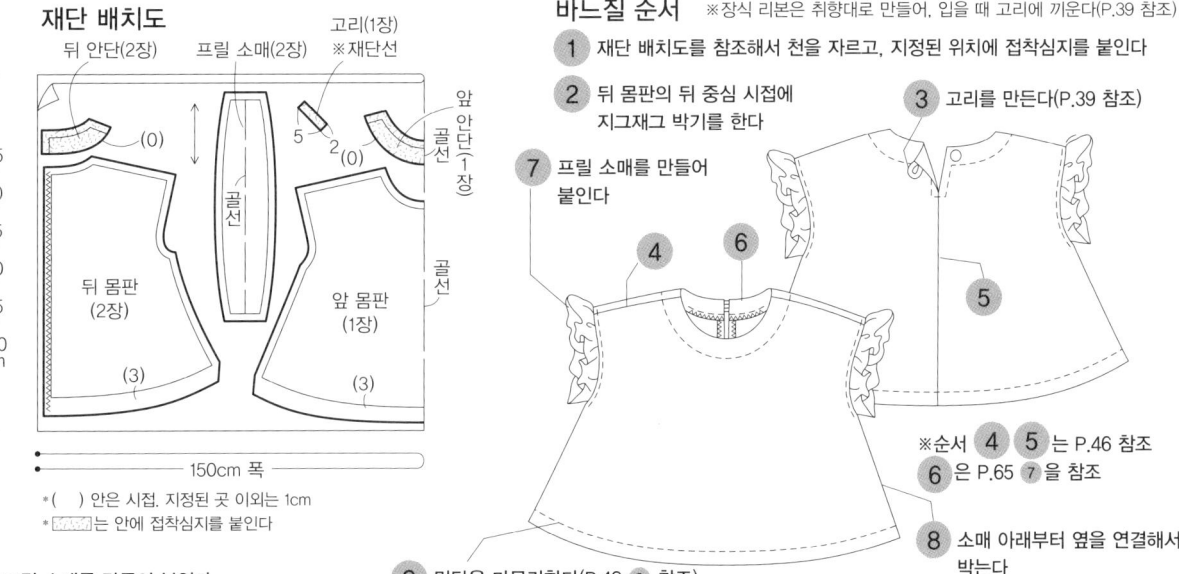

재단 배치도
*( ) 안은 시접. 지정된 곳 이외는 1cm
* ▨는 안에 접착심지를 붙인다

바느질 순서 ※장식 리본은 취향대로 만들어, 입을 때 고리에 끼운다(P.39 참조)

1. 재단 배치도를 참조해서 천을 자르고, 지정된 위치에 접착심지를 붙인다
2. 뒤 몸판의 뒤 중심 시접에 지그재그 박기를 한다
3. 고리를 만든다(P.39 참조)
7. 프릴 소매를 만들어 붙인다

※순서 4 5 는 P.46 참조
6 은 P.65 7 을 참조

8. 소매 아래부터 옆을 연결해서 박는다
9. 밑단을 마무리한다(P.48 9 참조)

7 프릴 소매를 만들어 붙인다
① 안끼리 맞닿게 접는다
② 성긴 바늘땀으로 2줄 박는다 (개더용 박기)
③ 개더용 박기의 밑실을 당겨 개더를 잡고, 진동둘레에 겹쳐서 박는다
④ 3장 함께 지그재그 박기
⑤ 시접을 몸판 쪽으로 눕히고 겉에서 박기

8 소매 아래부터 옆을 연결해서 박는다
① 겉끼리 맞대어 박는다
② 2장 함께 지그재그 박기를 하고, 시접을 뒤쪽으로 눕힌다
소매 아래의 시접을 박는다

〈풍성한 플레어의 A라인 원피스의 경우〉

〈장식 리본 만드는 법〉
※장식 리본은 좋아하는 천을 적당량 준비. 옷본 주위에 1cm의 시접을 넣는다. 2장을 준비해 얇은 천인 경우 1장에 접착심지를 붙인다.

① 겉끼리 맞대어 창구멍을 남기고 박는다
② 가위집
③ 겉으로 뒤집어 정돈한다
④ 창구멍을 막는다

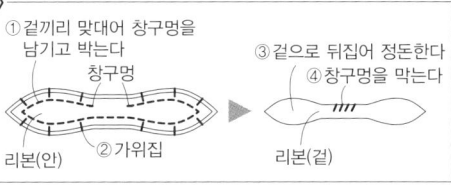

#01 프릴 소매의 하늘거리는 블라우스(어른용)

○ 실물 대형 옷본
D면 [01]
1-앞 몸판, 2-앞 안단, 3-뒤 몸판, 4-뒤 안단, 5-프릴 소매, 6-리본

○ 재료
· 코튼(블루) 110cm 폭×160/ 165/ 170cm
· 접착심지 60×40cm

○ 완성 사이즈
(왼쪽부터 S/ M/ L 사이즈)
가슴둘레 = 116/ 120/ 124cm
옷 길이 = 58/ 59/ 60cm

Photo: p.34

재단 배치도

리본(4장)
뒤 안단(2장)
앞 안단(1장)
뒤 몸판(2장)
프릴 소매(2장)
앞 몸판(1장)
골선
(0)
(3)
160/ 165/ 170 cm
110cm 폭

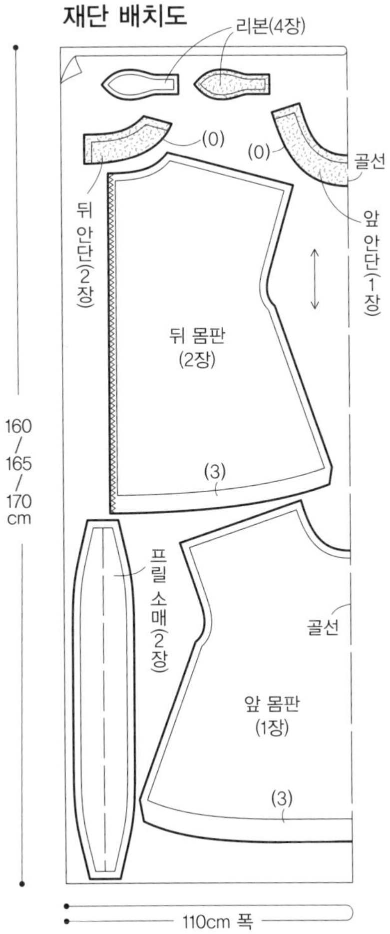

* ( ) 안은 시접. 지정된 곳 이외는 1cm
* ▨는 안에 접착심지를 붙인다

바느질 순서

1. 재단 배치도를 참조해서 천을 자르고, 지정된 위치에 접착심지를 붙인다
2. 뒤 몸판의 뒤 중심 시접에 지그재그 박기를 한다
3. 리본을 만든다
4. 어깨를 박는다 (P.46 4 참조)
5. 뒤 중심을 박는다 (P.46 5 참조)
6. 안단을 만들고, 몸판에 단다 (P.65 7 참조. 고리 대신 리본을 끼운다. 아래 그림 참조)
7. 프릴 소매를 만들어 붙인다 (P.47 7 참조)
8. 소매 아래부터 옆을 연결해서 박는다 (P.47 8 참조)
9. 밑단을 마무리한다

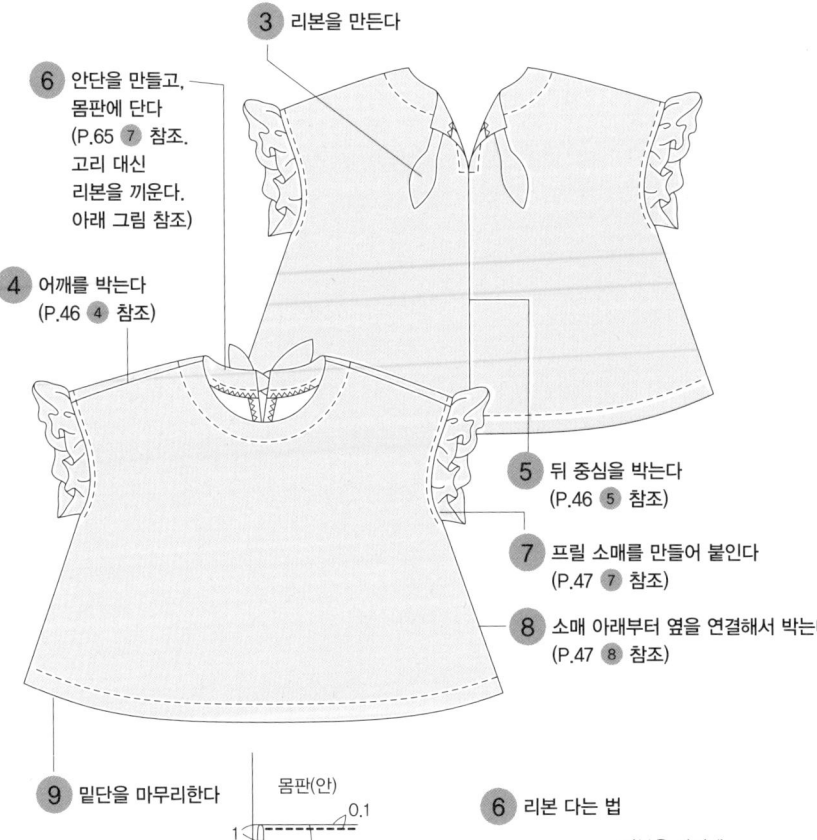

3 리본을 만든다

① 겉끼리 맞대어 박는다
② 곡선에 가위집
③ 겉으로 뒤집어 정돈한다
※2개 만든다
리본(안)

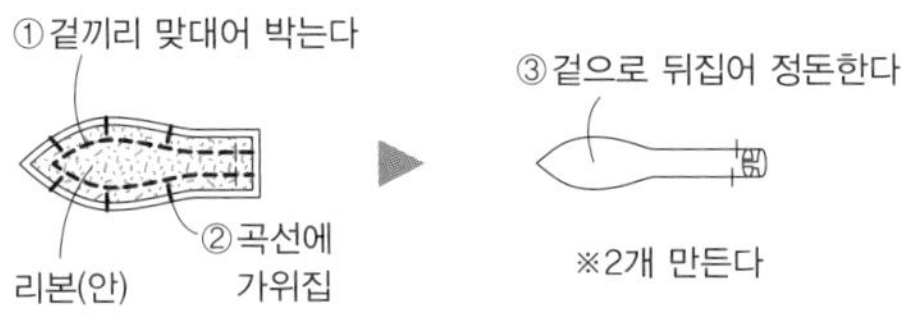

6 리본 다는 법

뒤 안단(안)
리본을 사이에 끼워서 박는다
트임 끝
뒤 몸판(겉)

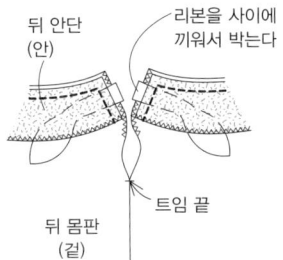

#07 팬츠 달린 망사 스커트

○ 실물 대형 옷본
A면 [07]
1-앞 팬츠, 2-뒤 팬츠

○ 완성 사이즈
(왼쪽부터 100/ 110/ 120/ 130/ 140/ 150 사이즈)
팬츠 길이(허리 벨트 포함) = 26/ 28.5/ 30.5/ 33.5/ 36.5/ 39.5cm
망사 스커트 길이(허리 벨트 포함) = 27.5/ 30.5/ 33.5/ 36.5/ 39.5/ 42.5cm

○ 재료
• 부드러운 망사(원사)
  120cm 폭×104/ 116/ 128/ 140/ 152/ 164cm
• 면 브로드(머시룸)
  110cm 폭×80/ 85/ 90/ 95/ 110/ 115cm
• 고무줄 1.5cm 폭×46/ 48/ 50/ 52/ 54/ 57cm(허리 사이즈에 맞춰서 조절한다)

Photo: p.15

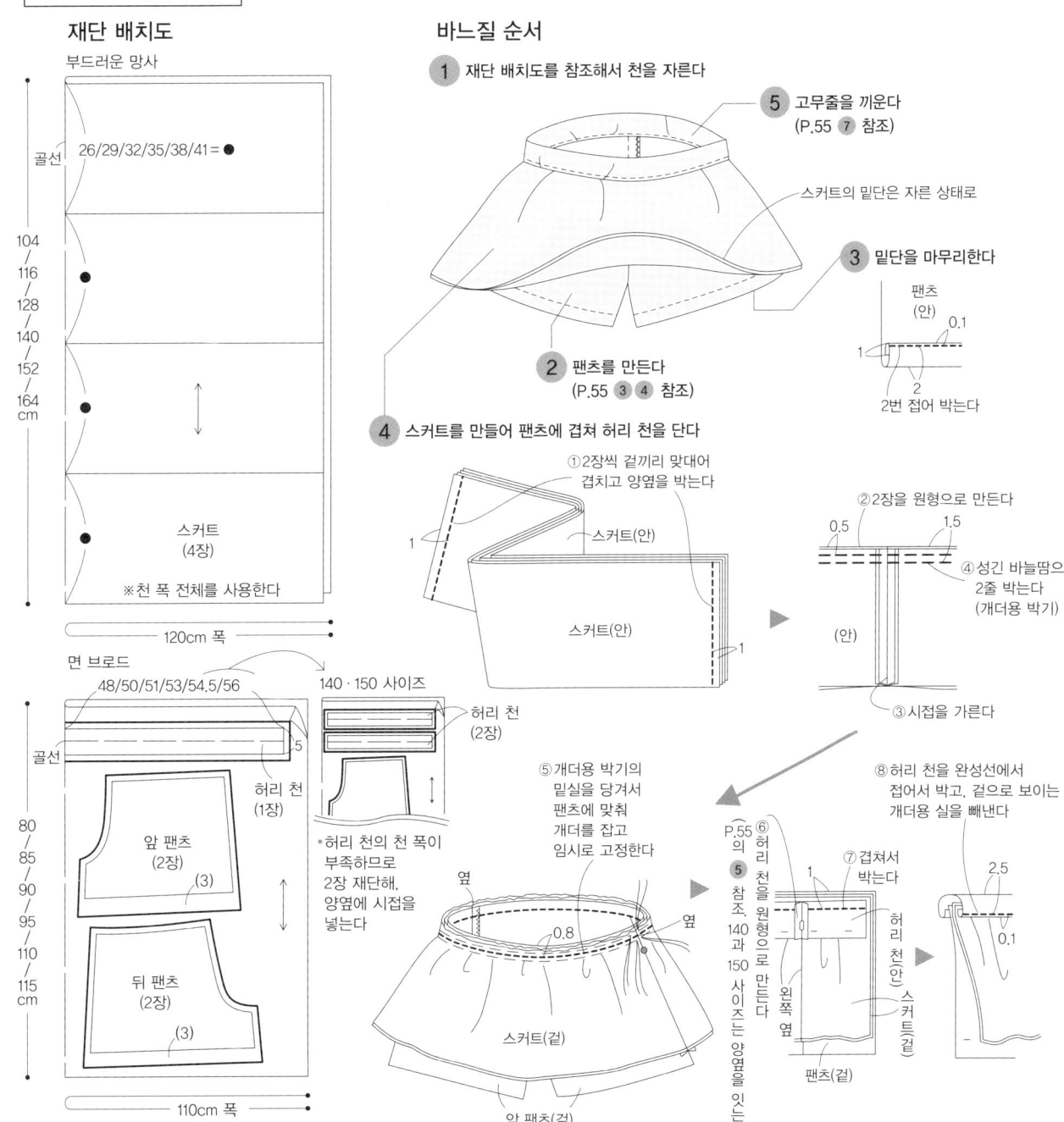

#04 멜빵 스커트

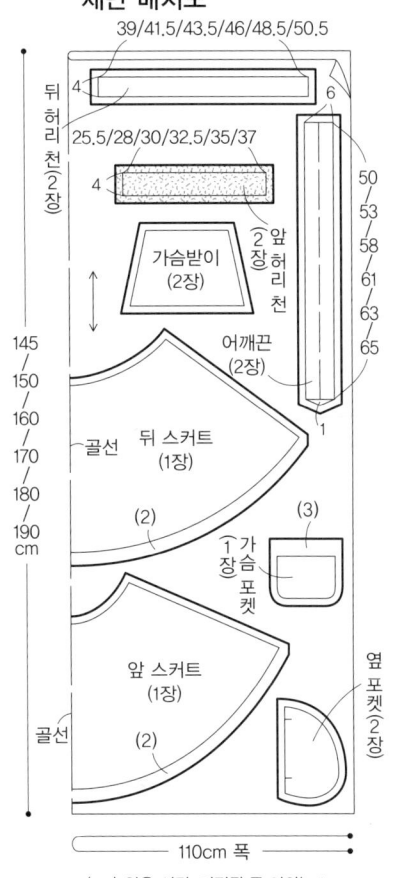

Photo: p.10

○ 실물 대형 옷본
C면 [04]
1-가슴받이, 2-가슴 포켓, 3-앞 스커트, 4-뒤 스커트, 5-옆 포켓

○ 완성 사이즈
(왼쪽부터 100/ 110/ 120/ 130/ 140/ 150 사이즈)
옷 길이(가슴받이 위부터 스커트 밑단까지) = 46/ 51/ 56.5/ 61.5/ 64/ 66.5cm

○ 재료
· 컬러 리넨(스트로베리 크림)
110cm 폭×145/ 150 160/ 170/ 180/ 190cm
*140과 150 사이즈는 스커트의 천 폭이 부족하므로, 120cm 폭 이상을 사용한다.
· 접착심지 90×10cm
· 접착 테이프 1.2cm 폭×20cm
· 지름 1.5cm 단추 2개
· 고무줄 3cm 폭×31/ 32/ 33/ 34/ 35/ 36cm(허리 사이즈에 맞춰서 조절한다)
· 1cm 폭의 면 테이프 8cm

재단 배치도

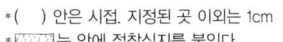

* ( ) 안은 시접. 지정된 곳 이외는 1cm
* 는 안에 접착심지를 붙인다

바느질 순서

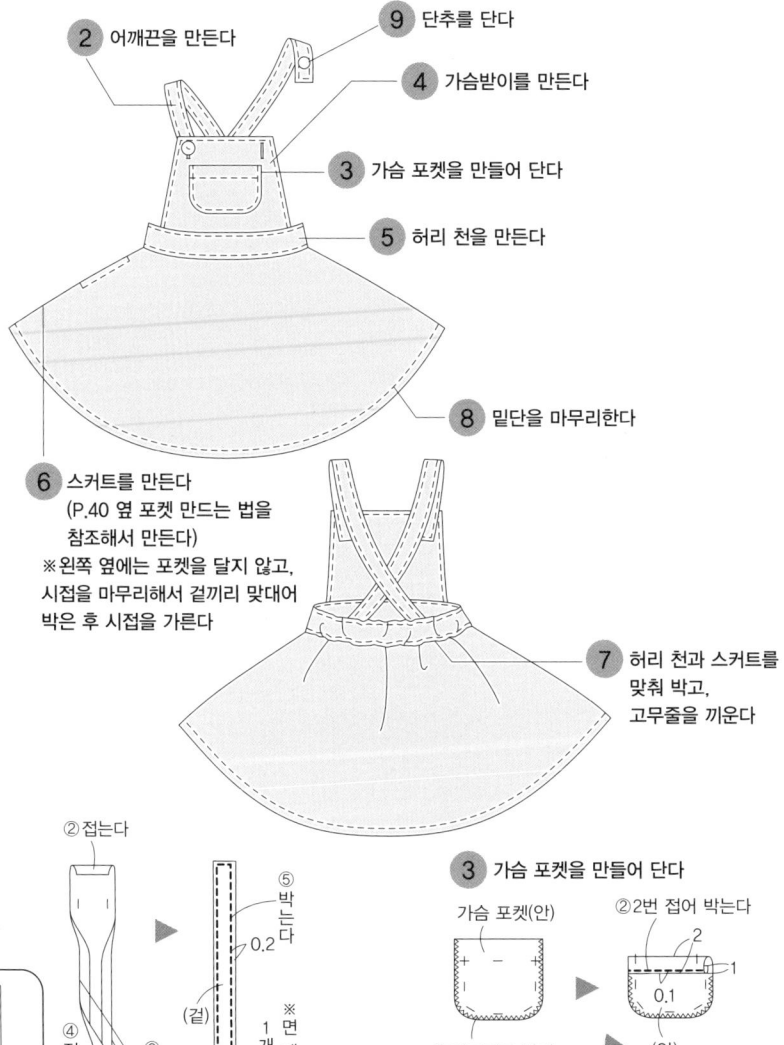

1. 재단 배치도를 참조해서 천을 자르고, 지정된 위치에 접착심지를 붙인다
2. 어깨끈을 만든다
3. 가슴 포켓을 만들어 단다
4. 가슴받이를 만든다
5. 허리 천을 만든다
6. 스커트를 만든다 (P.40 옆 포켓 만드는 법을 참조해서 만든다)
※ 왼쪽 옆에는 포켓을 달지 않고, 시접을 마무리해서 겉끼리 맞대어 박은 후 시접을 가른다
7. 허리 천과 스커트를 맞춰 박고, 고무줄을 끼운다
8. 밑단을 마무리한다
9. 단추를 단다

2 어깨끈을 만든다

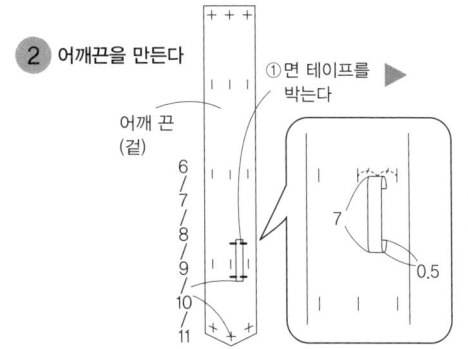

①면 테이프를 박는다
②접는다
③접는다
④접는다
⑤박는다
※면 테이프를 달지 않고 1개 더 만든다

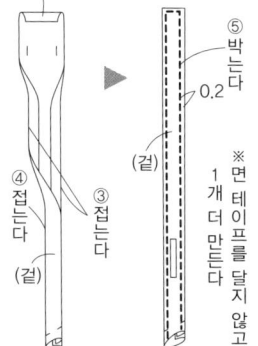

3 가슴 포켓을 만들어 단다

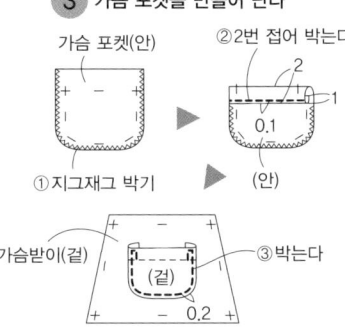

①지그재그 박기
②2번 접어 박는다
③박는다

4 가슴받이를 만든다

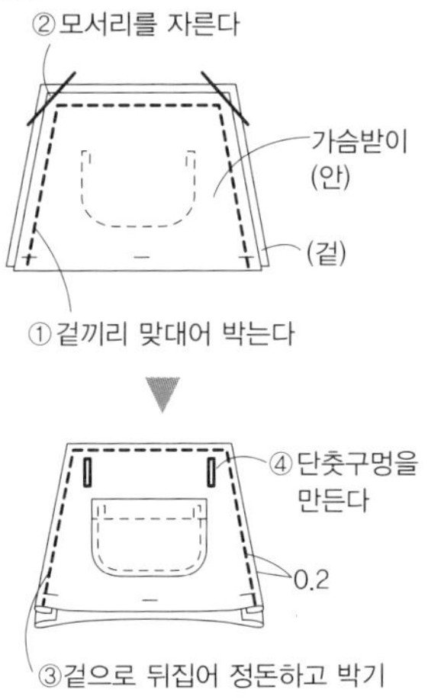

②모서리를 자른다
가슴받이 (안) (겉)
①겉끼리 맞대어 박는다
④단춧구멍을 만든다
0.2
③겉으로 뒤집어 정돈하고 박기

5 허리 천을 만든다

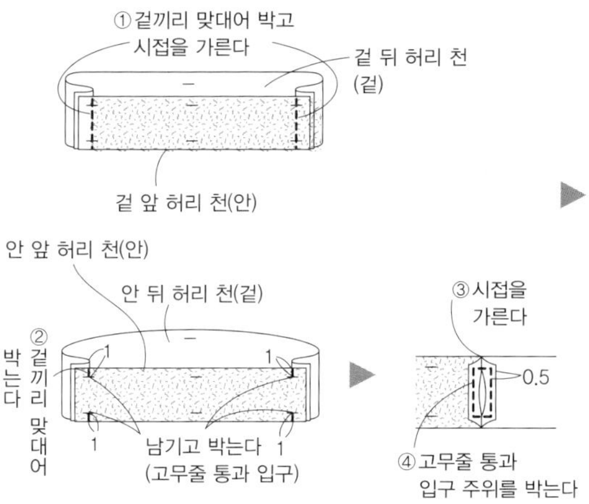

①겉끼리 맞대어 박고 시접을 가른다
겉 뒤 허리 천(겉)
겉 앞 허리 천(안)
안 앞 허리 천(안)
안 뒤 허리 천(겉)
②겉끼리 맞대어 박는다
1 남기고 박는다 1 (고무줄 통과 입구)
③시접을 가른다
0.5
④고무줄 통과 입구 주위를 박는다

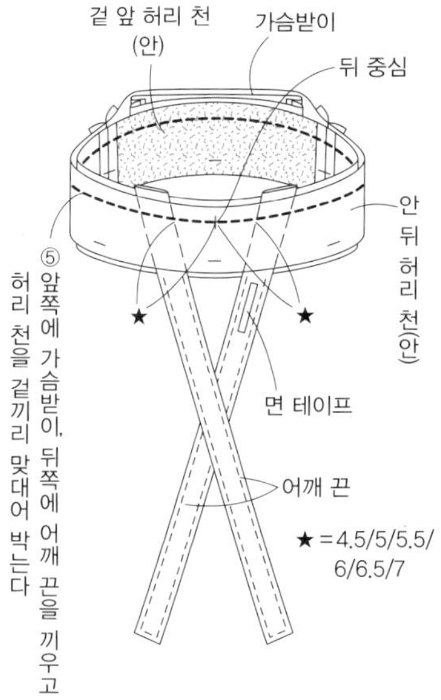

겉 앞 허리 천(안)
가슴받이
뒤 중심
안 뒤 허리 천(안)
⑤앞쪽에 가슴받이, 뒤쪽에 어깨 끈을 끼우고 허리 천을 겉끼리 맞대어 박는다
면 테이프
어깨 끈
★=4.5/5/5.5/6/6.5/7

7 허리 천과 스커트를 맞춰 박고, 고무줄을 끼운다

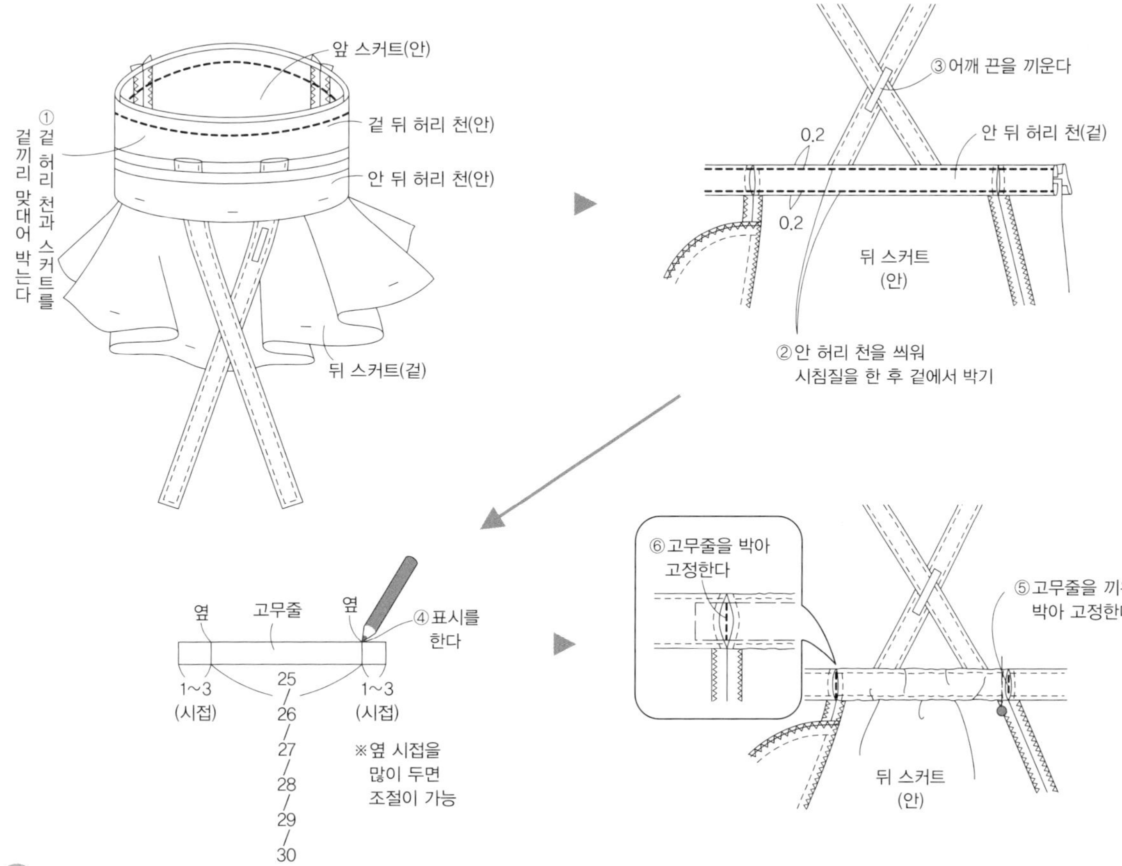

①겉끼리 맞대어 박는다 겉 허리 천과 스커트를
앞 스커트(안)
겉 뒤 허리 천(안)
안 뒤 허리 천(안)
뒤 스커트(겉)

③어깨 끈을 끼운다
안 뒤 허리 천(겉)
0.2
0.2
②안 허리 천을 씌워 시침질을 한 후 겉에서 박기
뒤 스커트(안)

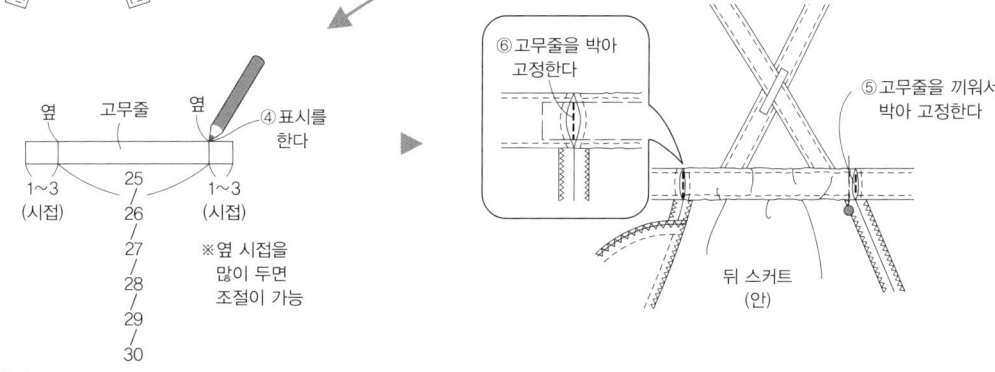

옆 고무줄 옆
1~3 (시접) 25 26 27 28 29 30 1~3 (시접)
④표시를 한다
※옆 시접을 많이 두면 조절이 가능

⑥고무줄을 박아 고정한다
⑤고무줄을 끼워서 박아 고정한다
뒤 스커트(안)

8 밑단을 마무리한다

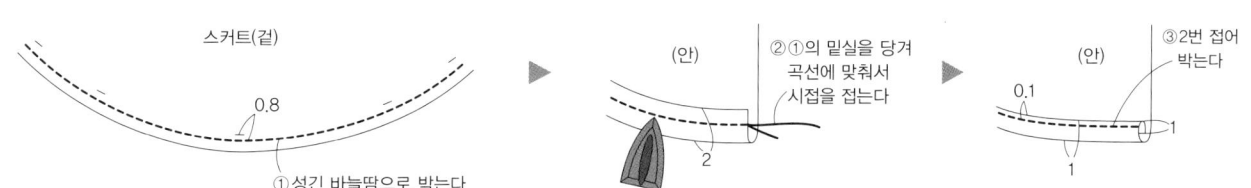

스커트(겉)
0.8
①성긴 바늘땀으로 박는다
②①의 밑실을 당겨 곡선에 맞춰서 시접을 접는다
(안) 2
③2번 접어 박는다
(안) 0.1 1 1

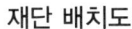

#18 살로페트 팬츠

Photo: p.28

○실물 대형 옷본
C면 [18]
1-가슴받이, 2-가슴 포켓, 3-앞 팬츠, 4-뒤 팬츠, 5-포켓, 6-플랩

○완성 사이즈
(왼쪽부터 100/ 110/ 120/ 130/ 140/ 150 사이즈)
옷 길이(가슴받이 위부터 팬츠 밑단까지) = 39.5/ 43/ 46.5/ 50.5/ 54/ 57cm

○재료
· 프렌치 코듀로이(라벤더)
  110cm 폭×125/ 130/ 140/ 150/ 160/ 170cm
· 접착심지 90×10cm
· 접착 테이프 1.2cm 폭×50cm
· 지름 1.5cm 단추 2개
· 고무줄 3cm 폭×31/ 32/ 33/ 34/ 35/ 36cm(허리 사이즈에 맞춰서 조절한다)
· 1cm 폭의 면 테이프 8cm

재단 배치도

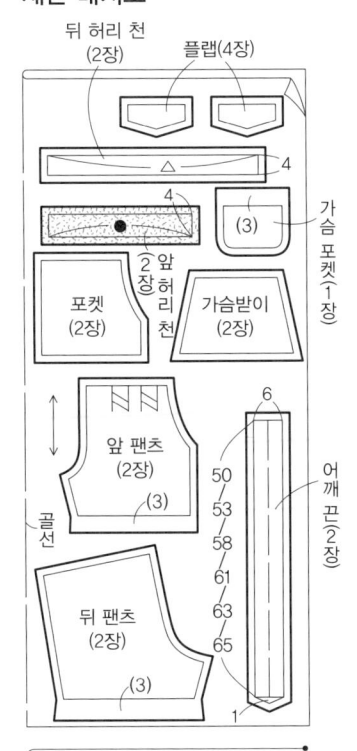

* ( ) 안은 시접. 지정된 곳 이외는 1cm
* ▨ 는 안에 접착심지를 붙인다

△ = 39/41.5/43.5/46/48.5/50.5
● = 25/28/29.5/32.5/35/37

바느질 순서

② ~ ⑤, ⑦ 은 P.50·51 참조

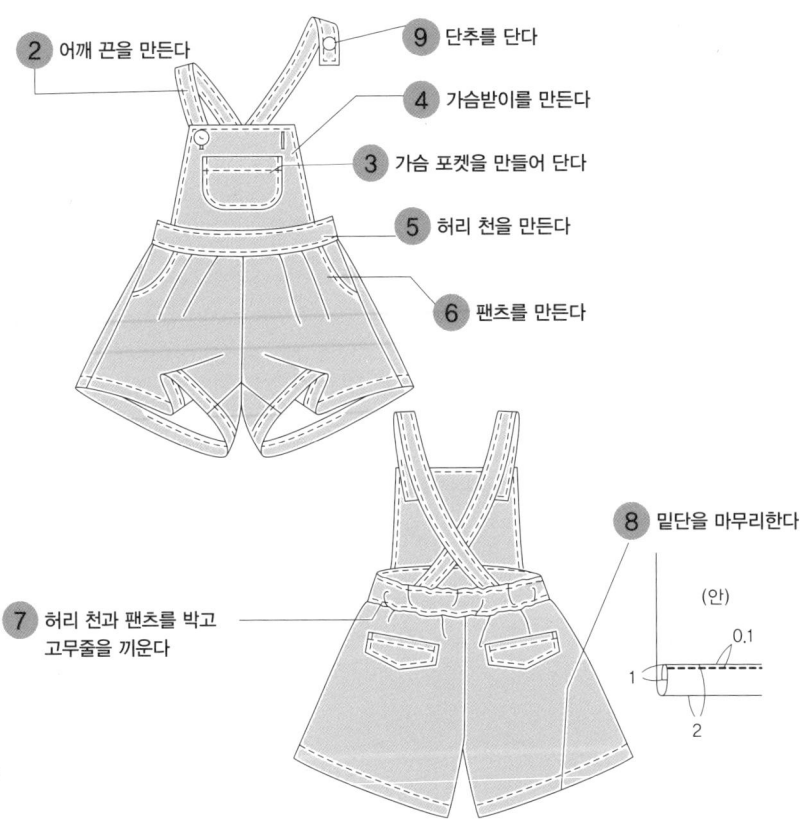

1 재단 배치도를 참조해서 천을 자르고, 지정된 위치에 접착심지를 붙인다
2 어깨 끈을 만든다
9 단추를 단다
4 가슴받이를 만든다
3 가슴 포켓을 만들어 단다
5 허리 천을 만든다
6 팬츠를 만든다
7 허리 천과 팬츠를 박고 고무줄을 끼운다
8 밑단을 마무리한다

6 팬츠를 만든다

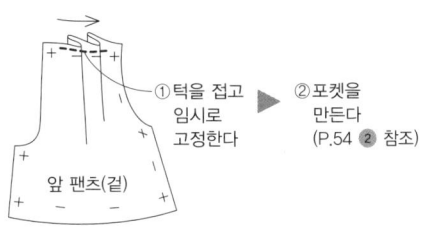

①턱을 접고 임시로 고정한다
②포켓을 만든다 (P.54 ② 참조)

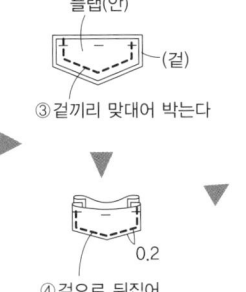

③겉끼리 맞대어 박는다
④겉으로 뒤집어 정돈하고 박기

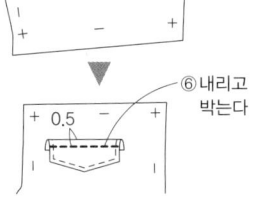

⑤박는다
⑥내리고 박는다
⑦밑아래와 옆을 박는다 (P.55 ③ 참조)
⑧밑위를 박는다 (P.55 ④ 참조)

#11 플레어 스커트

Photo: p.18

○실물 대형 옷본
C면 [11]
1-앞 스커트, 2-뒤 스커트, 3-옆 포켓

○완성 사이즈
(왼쪽부터 100/ 110/ 120/ 130/ 140/ 150 사이즈)
스커트 길이(허리 천 포함) = 32/ 36/ 40/ 44/ 46/ 48cm

○재료
· 컬러 리넨(그레이)
105cm 폭×100/ 110/ 120/ 130/ 140/ 150cm
*130~150 사이즈는 스커트의 천 폭이 부족하므로, 120cm 이상의 폭을 사용한다.
· 접착심지 90×10cm
· 접착 테이프 1.2cm 폭×40cm
· 고무줄 3cm 폭×31/ 32/ 33/ 34/ 35/ 36cm(허리 사이즈에 맞춰서 조절한다)
· 시판되는 리버티 프린트의 바이어스 테이프(양옆이 접힌 것 20mm) 190/ 210/ 230/ 255/ 270/ 280cm

재단 배치도

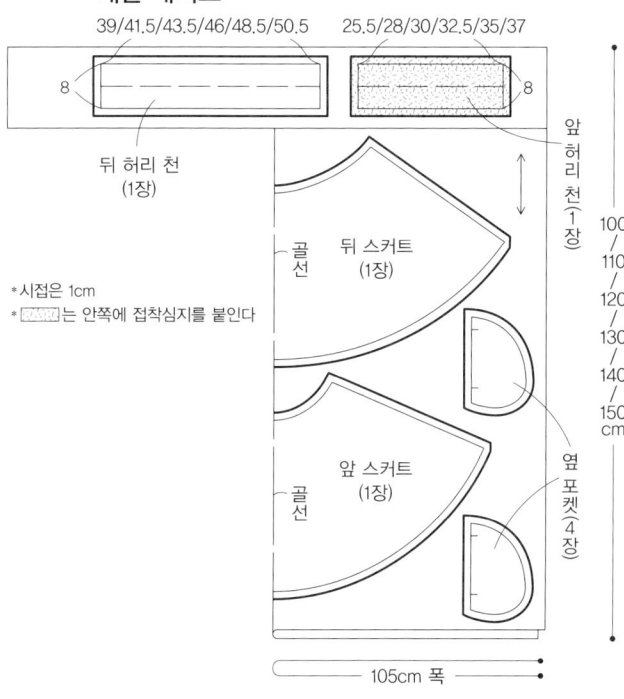

바느질 순서

1. 재단 배치도를 참조해서 천을 자르고, 지정된 위치에 접착심지를 붙인다

2. 스커트를 만든다
(P.40 옆 포켓 만드는 법을 참조해서 만든다)
※양옆에 포켓을 단다

3. 허리 천을 만들고 스커트와 박는다

4. 밑단을 마무리한다
※바이어스 테이프는 스커트 곡선에 맞춰서 라인을 잡아둔다

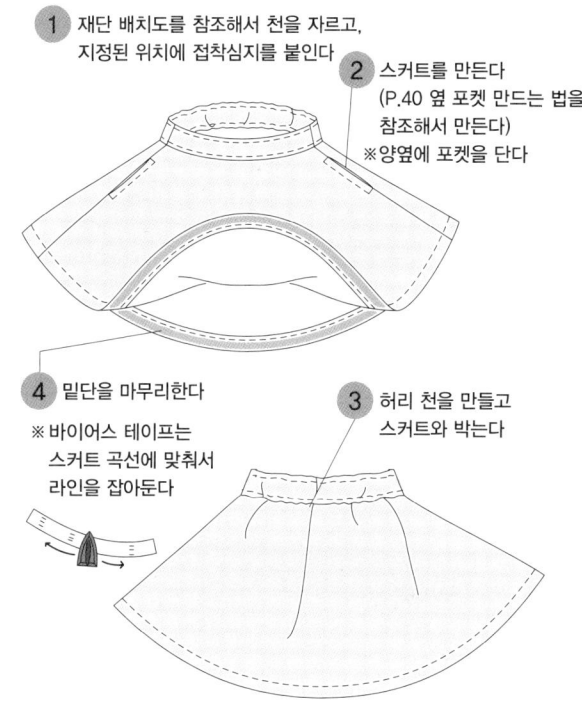

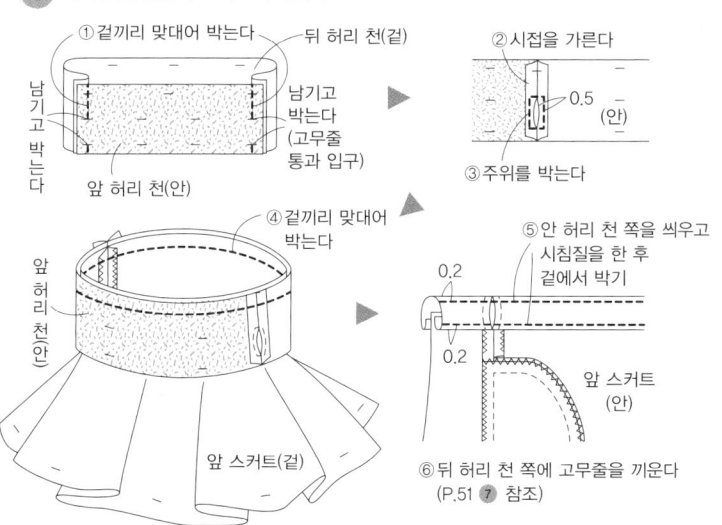

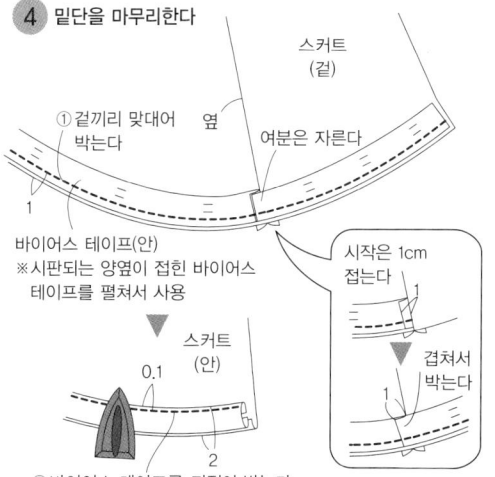

#15 벌룬 팬츠

Photo: p.22

○ 실물 대형 옷본
A면 [15]
1-앞 팬츠, 2-뒤 팬츠, 3-포켓

○ 완성 사이즈
(왼쪽부터 100/ 110/ 120/ 130/ 140/ 150 사이즈)
팬츠 길이(허리 천과 밑단 천 포함) = 27/ 30/ 32/ 35/ 38/ 41cm

○ 재료
• 리넨(차콜그레이)
  135cm 폭×90/ 95/ 100/ 110/ 115/ 120cm
• 접착 테이프 1.2cm 폭×40cm
• 고무줄 1.5cm 폭×46/ 48/ 50/ 52/ 54/ 57cm(허리 사이즈에 맞춰서 조절한다)

재단 배치도

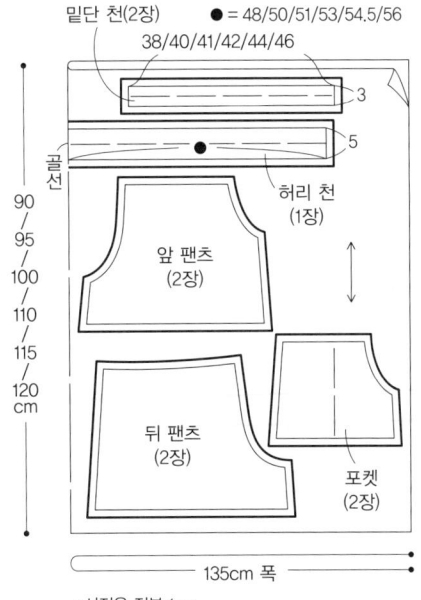

바느질 순서

1. 재단 배치도를 참조해서 천을 자른다
2. 포켓을 만든다
3. 밑아래와 옆을 박는다
4. 밑위를 박는다
5. 허리 천과 팬츠를 박는다
6. 밑단에 개더를 잡고 밑단 천을 단다
7. 고무줄을 끼운다

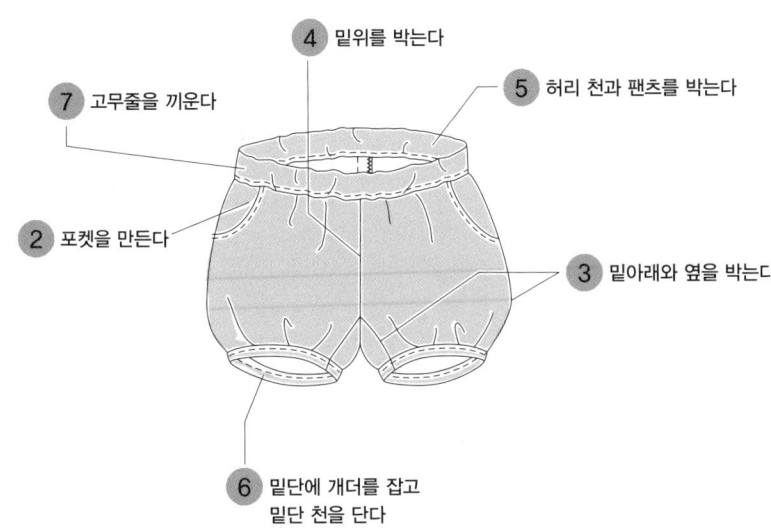

2 포켓을 만든다

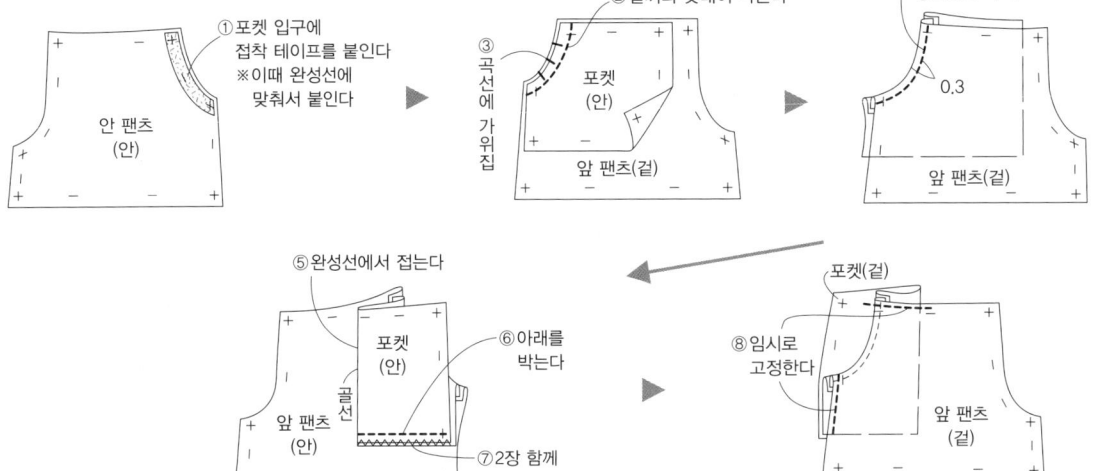

③ 밑아래와 옆을 박는다

④ 밑위를 박는다

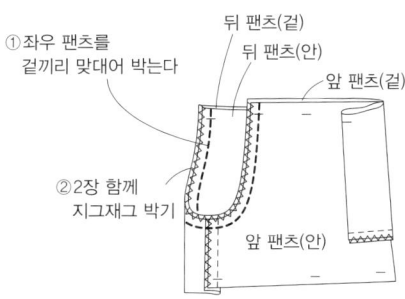

⑤ 허리 천과 팬츠를 박는다

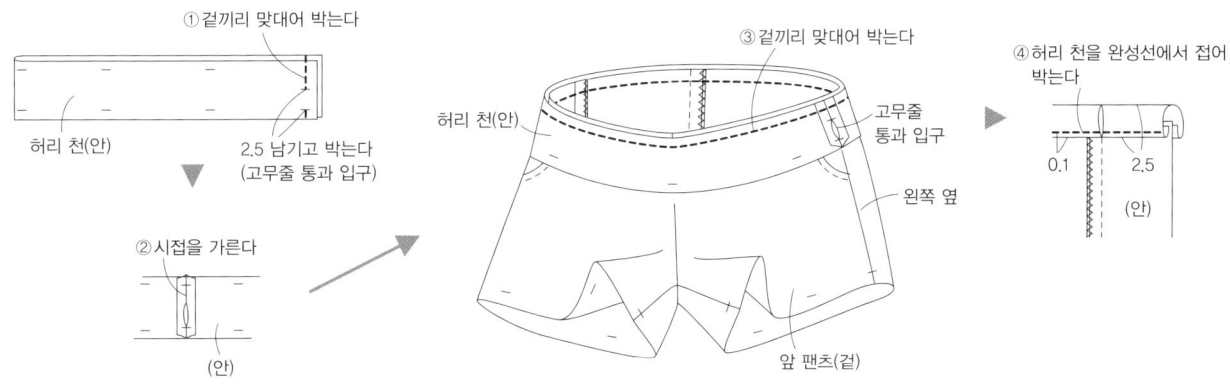

⑥ 밑단에 개더를 잡고 밑단 천을 단다

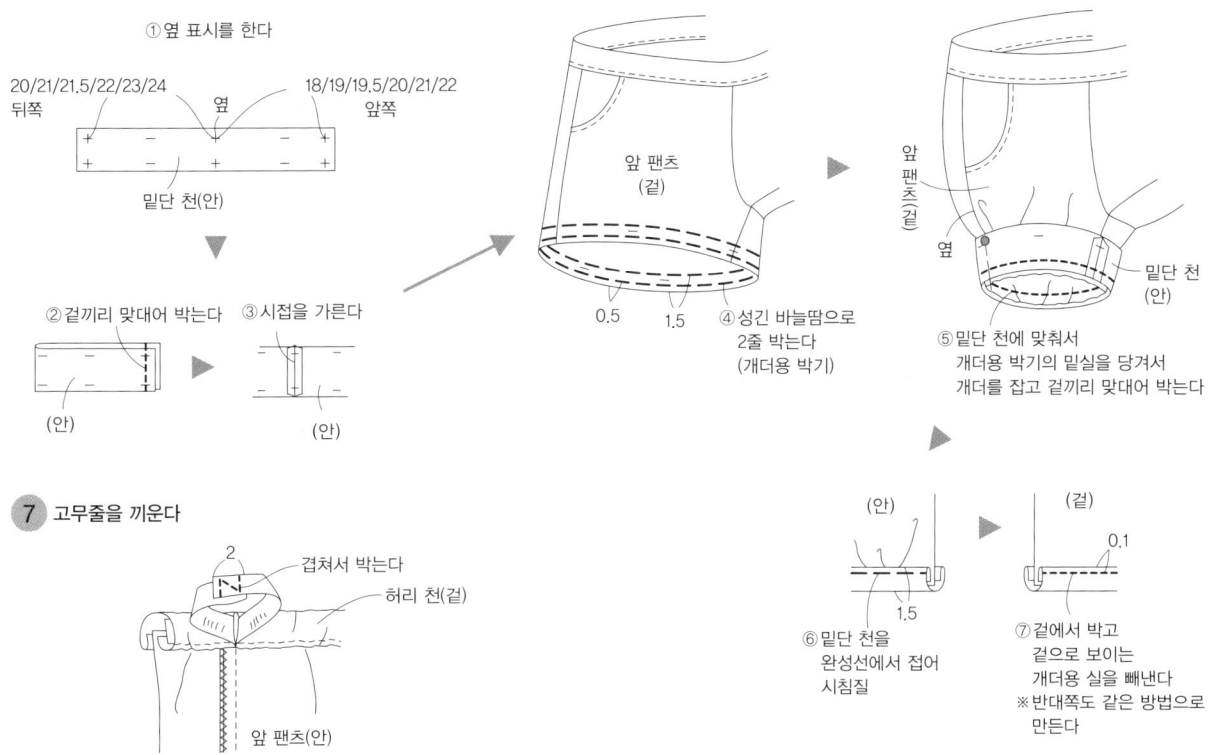

⑦ 고무줄을 끼운다

#08 칼라 밴드 달린 셔츠

○ 실물 대형 옷본
B면 [08]
1-앞 몸판, 2-요크, 3-뒤 몸판, 4-위 칼라, 5-칼라 밴드, 6-소매

○ 완성 사이즈
(왼쪽부터 100/ 110/ 120/ 130/ 140/ 150 사이즈)
가슴둘레 = 74/ 79/ 83/ 88/ 91/ 95cm
옷 길이 = 41.5/ 44.5/ 47.5/ 50.5/ 54.5/ 58.5cm

○ 재료
• 면 론(리버티 프린트 윌트셔)
110cm 폭×125/ 130/ 140/ 155/ 165/ 175cm
• 접착심지 90×60cm
• 지름 1.1cm 단추 7개

Photo: p.16

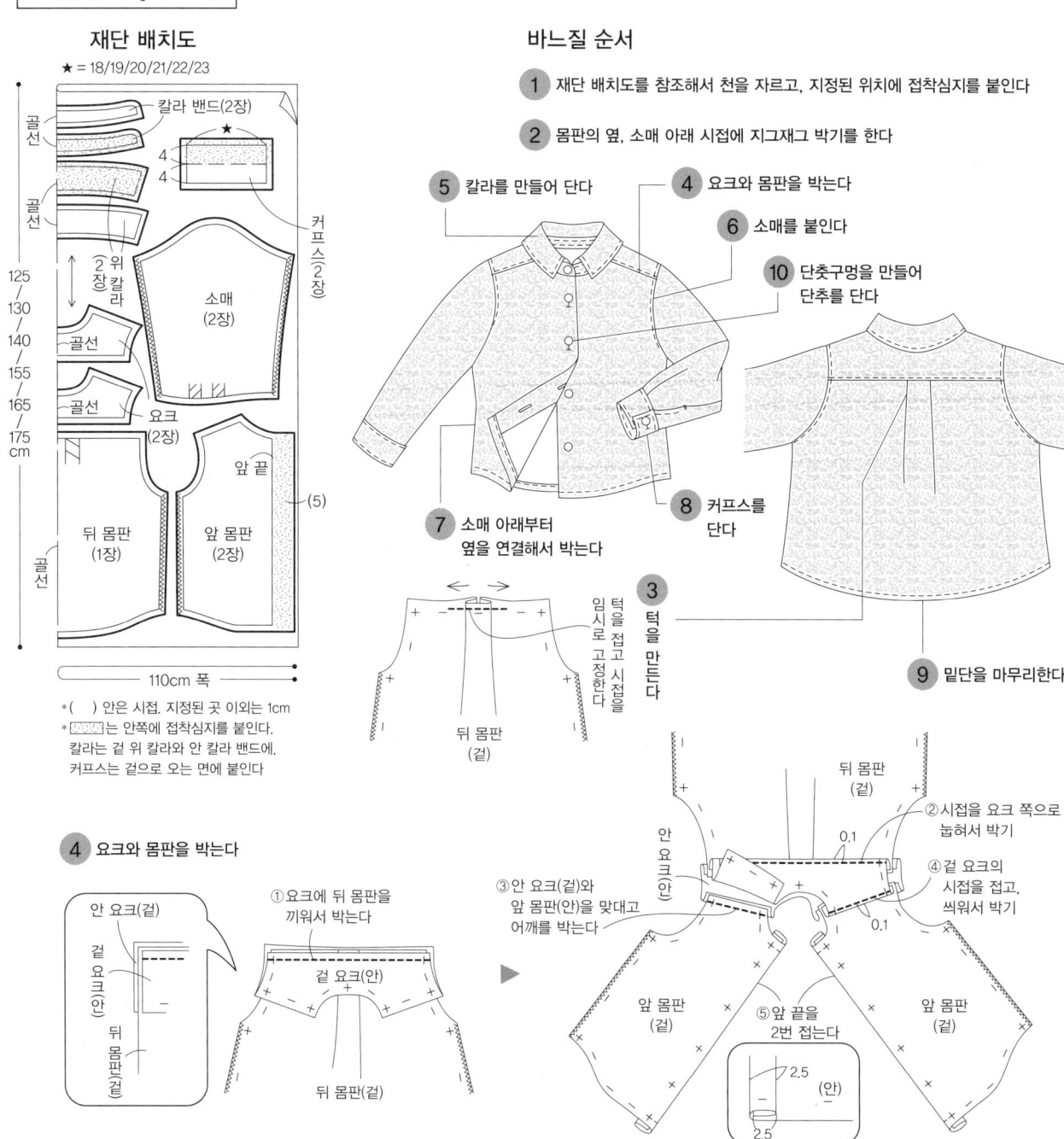

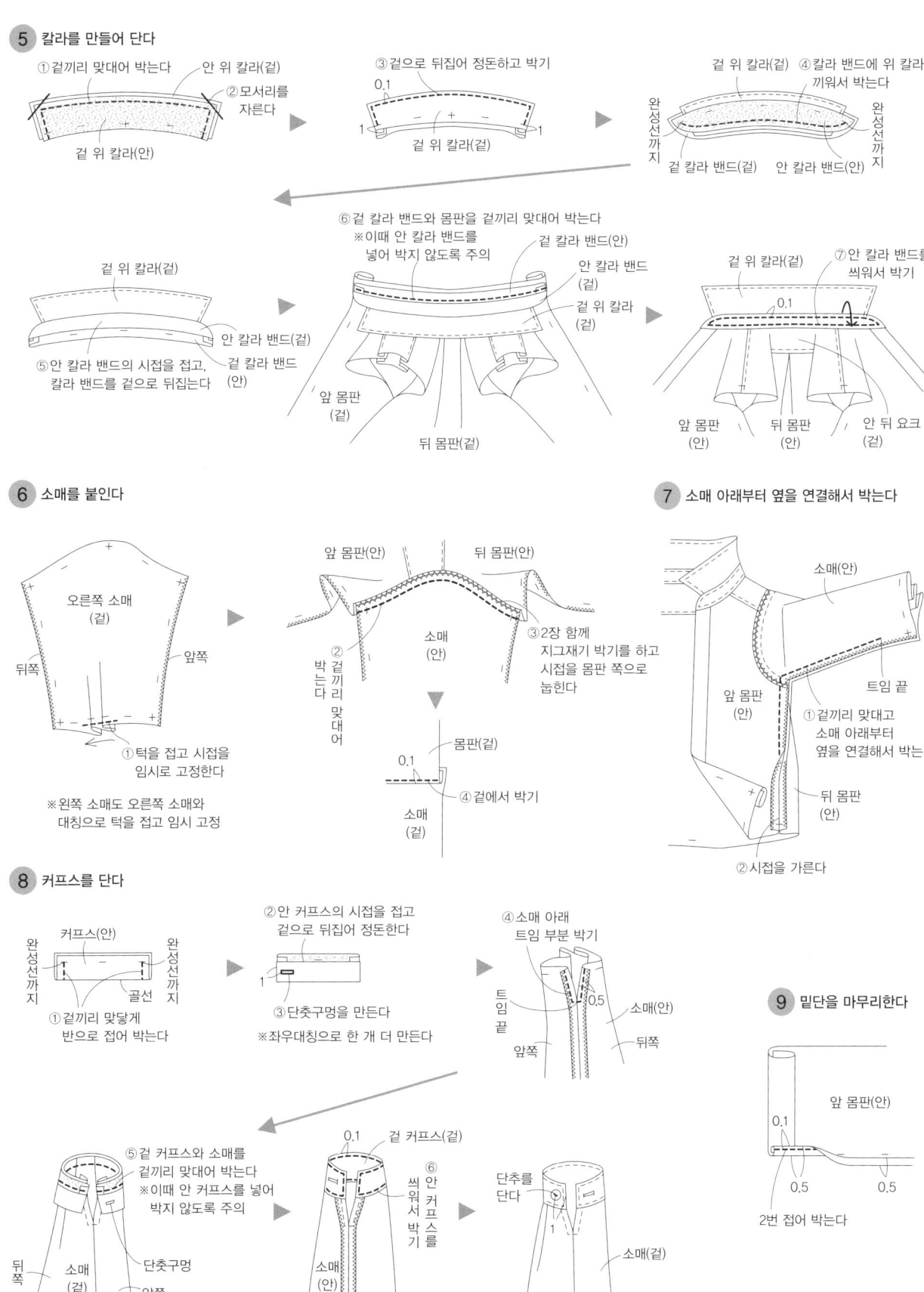

#03 도트 무늬 셔츠 원피스

○ 실물 대형 옷본
B면 [03]
1-앞 몸판, 2-요크, 3-뒤 몸판, 4-위 칼라, 5-칼라 밴드, 6-소매

○ 완성 사이즈
(왼쪽부터 100/ 110/ 120/ 130/ 140/ 150 사이즈)
가슴둘레 = 74/ 78/ 82/ 86/ 90/ 94cm
옷 길이 = 58.5/ 63.5/ 68.5/ 73.5/ 78.5/ 83.5cm

○ 재료
- 면마 머린 도트(오프 화이트×블루)
  110cm 폭×170/ 180/ 190/ 200/ 210/ 220cm
- 리넨(머스터드) 110cm 폭×30cm
- 파이핑 테이프(네이비) 49/ 53/ 56/ 60/ 64/ 67cm
- 접착심지 90×60cm
- 지름 1.1cm 단추 7개

Photo: p.8

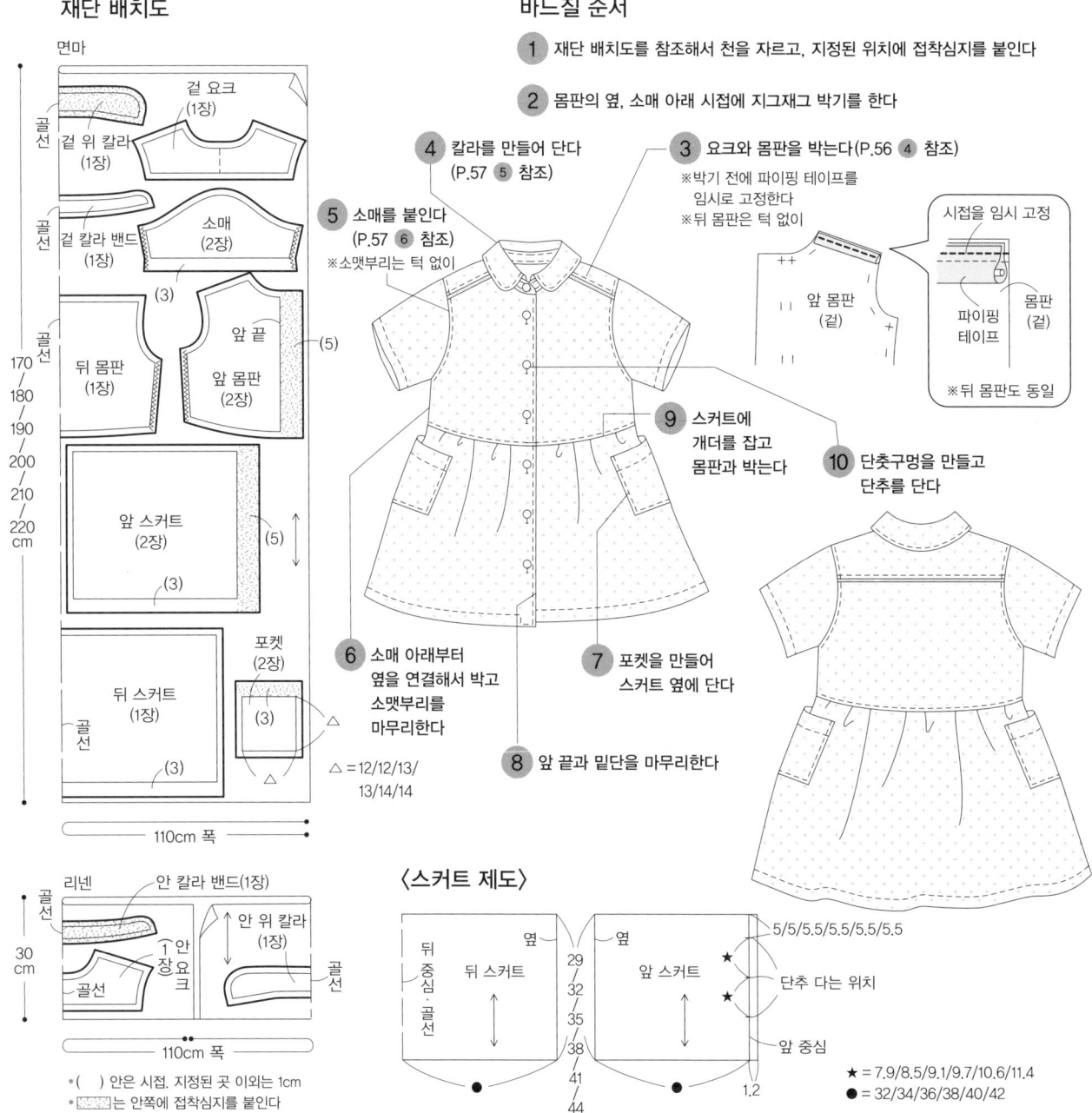

*( ) 안은 시접. 지정된 곳 이외는 1cm
* 는 안쪽에 접착심지를 붙인다

6 소매 아래부터 옆을 연결해서 박고 소맷부리를 마무리한다

7 포켓을 만들어 스커트 옆에 단다

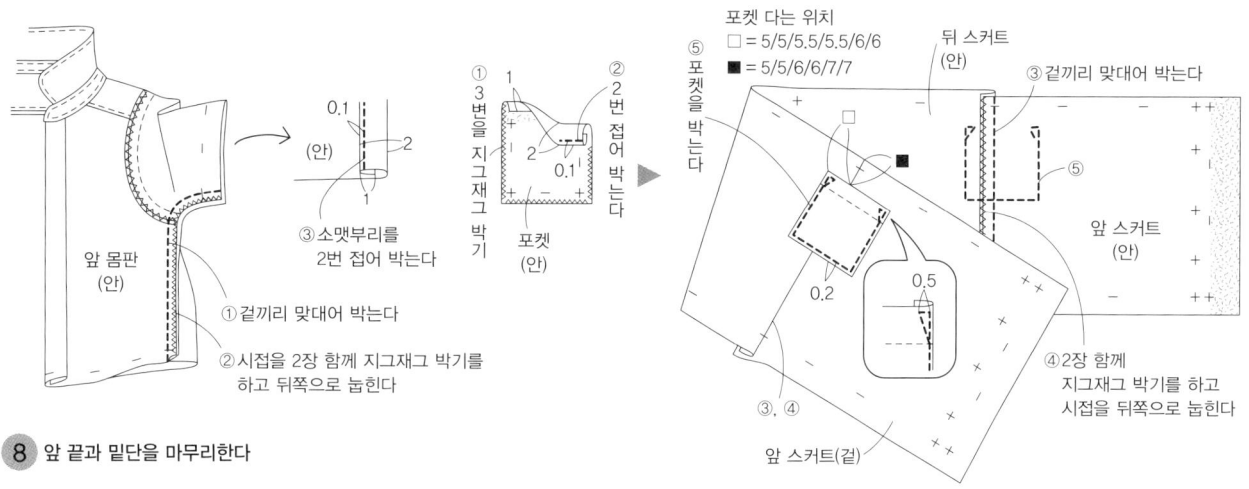

8 앞 끝과 밑단을 마무리한다

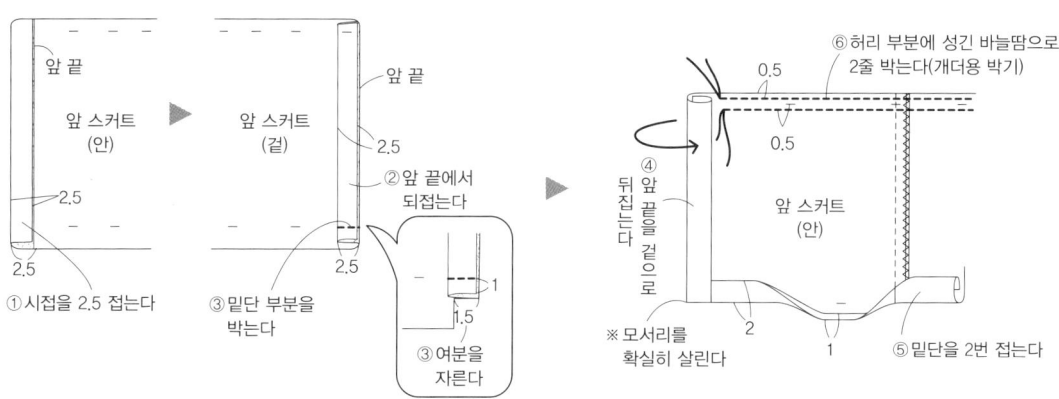

9 스커트에 개더를 잡고 몸판과 박는다

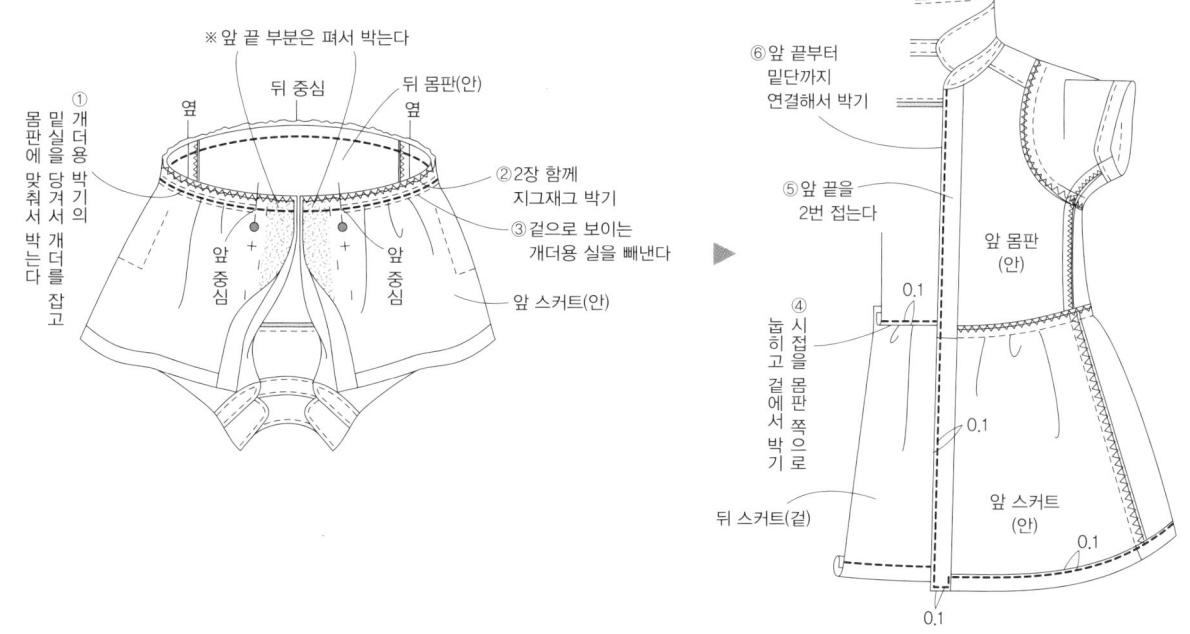

#06 나풀나풀 소매 블라우스

○ 실물 대형 옷본
B면 [06]
1-앞 몸판, 2-뒤 몸판, 3-프릴 소매

○ 완성 사이즈
(왼쪽부터 100/ 110/ 120/ 130/ 140/ 150 사이즈)
가슴둘레 = 99/ 102/ 105/ 110/ 114/ 118cm
옷 길이 = 41/ 43.5/ 46/ 50/ 54/ 58cm

○ 재료
· 면 론(리버티 프린트 · 벳시)
  110cm 폭×90/ 95/ 100/ 110/ 120/ 130cm
· 코튼 리넨(스모크 블루) 50×50cm
· 고무줄 0.6cm 폭×41/ 43/ 45/ 47/ 49/ 51cm

Photo: p.14

재단 배치도

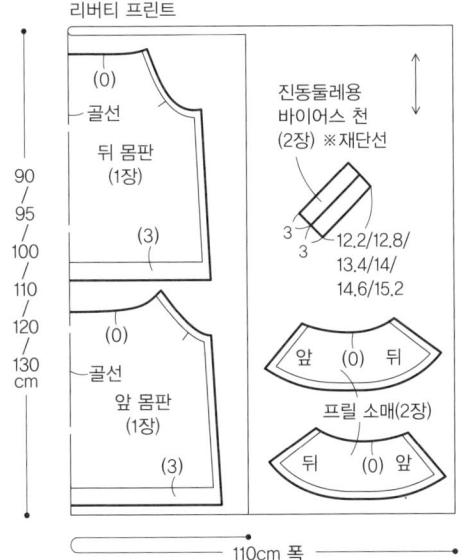

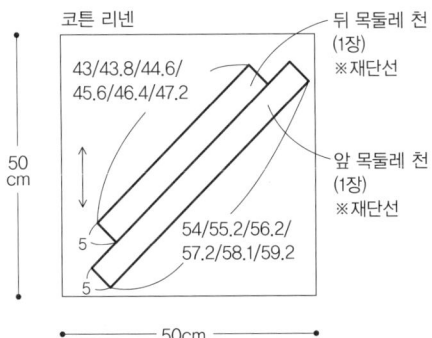

*( ) 안은 시접. 지정된 곳 이외는 1cm

바느질 순서

1. 재단 배치도를 참조해서 천을 자른다
4. 몸판에 프릴 소매를 붙이고 진동둘레 아래를 마무리한다
5. 목둘레 천을 만들어 몸판과 박고 고무줄을 끼운다
3. 소맷부리를 마무리한다
2. 옆을 박는다
6. 밑단을 마무리한다

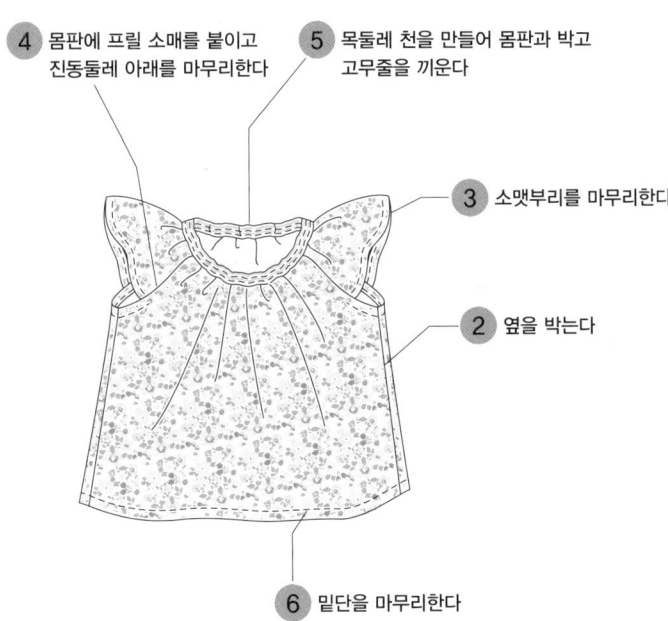

2 옆을 박는다

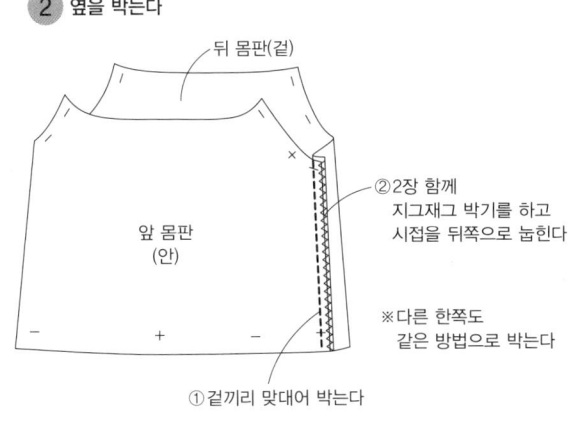

① 겉끼리 맞대어 박는다
② 2장 함께 지그재그 박기를 하고 시접을 뒤쪽으로 눕힌다
※ 다른 한쪽도 같은 방법으로 박는다

③ 소맷부리를 마무리한다

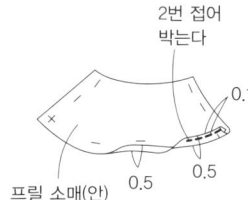

④ 몸판에 프릴 소매를 붙이고, 진동둘레 아래를 마무리한다

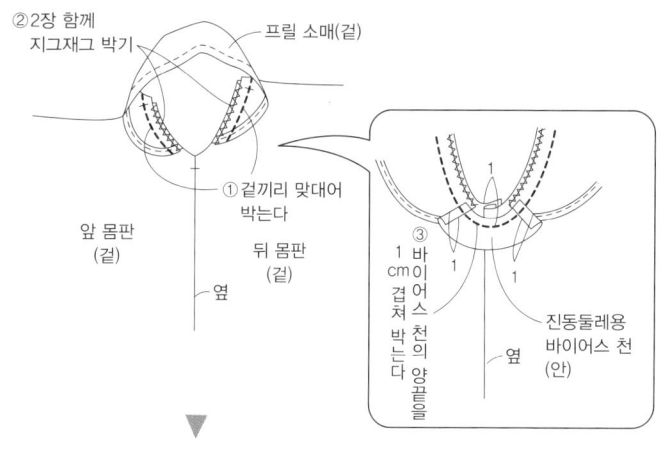

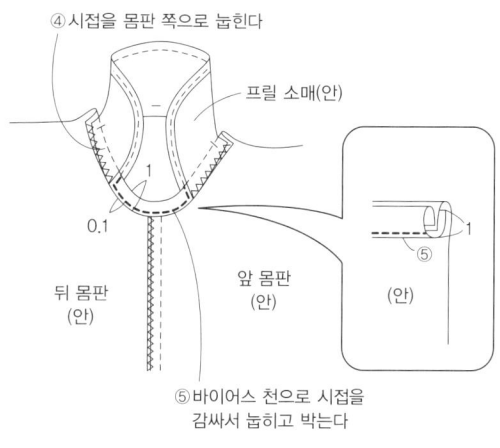

⑤ 목둘레 천을 만들어 몸판과 박고, 고무줄을 끼운다

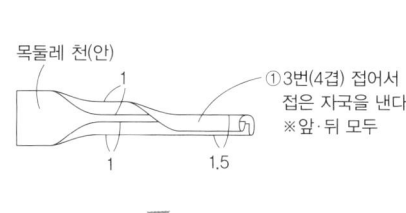

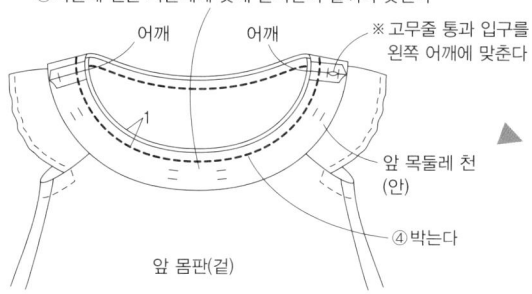

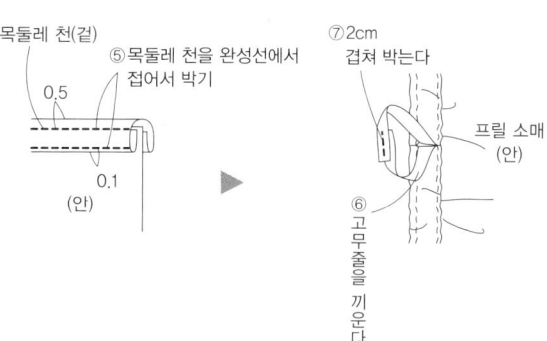

⑥ 밑단을 마무리한다

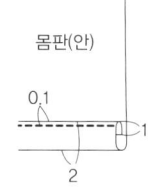

#14 프릴 칼라의 레이스 블라우스

○ 실물 대형 옷본
A면 [14]
1-앞 몸판, 2-뒤 몸판, 3-소매

○ 완성 사이즈
(왼쪽부터 100/ 110/ 120/ 130/ 140/ 150 사이즈)
가슴둘레 = 72/ 76/ 80/ 84/ 88/ 92cm
옷 길이 = 42/ 45/ 48/ 51/ 55/ 59cm

○ 재료
- 면마 아일릿(원사) 110cm 폭×85/ 90/ 115/ 130/ 140/ 155cm
- 면 론 110cm 폭×10cm
- 코튼 40×40cm
- 접착심지(고리용) 적당량
- 지름 1.1cm 단추 1개

Photo: p.22

재단 배치도

면마 아일릿 — 85/90/115/130/140/155 cm, 110cm 폭
- 뒤 몸판 (2장)
- 앞 몸판 (1장) 골선
- 소매 (2장)
- (3), (2.5)

면 론 — 10cm, 110cm 폭
- 프릴 칼라 (1장) 73/75/77/79/81/83, 6

코튼 — 40cm × 40cm
- 고리 (1장) ※재단선 2, 5
- 목둘레용 바이어스 천 (1장) ※재단선 50
- 3

* ( ) 안은 시접. 지정된 곳 이외는 1cm
* ▨는 안쪽에 접착심지를 붙인다

바느질 순서

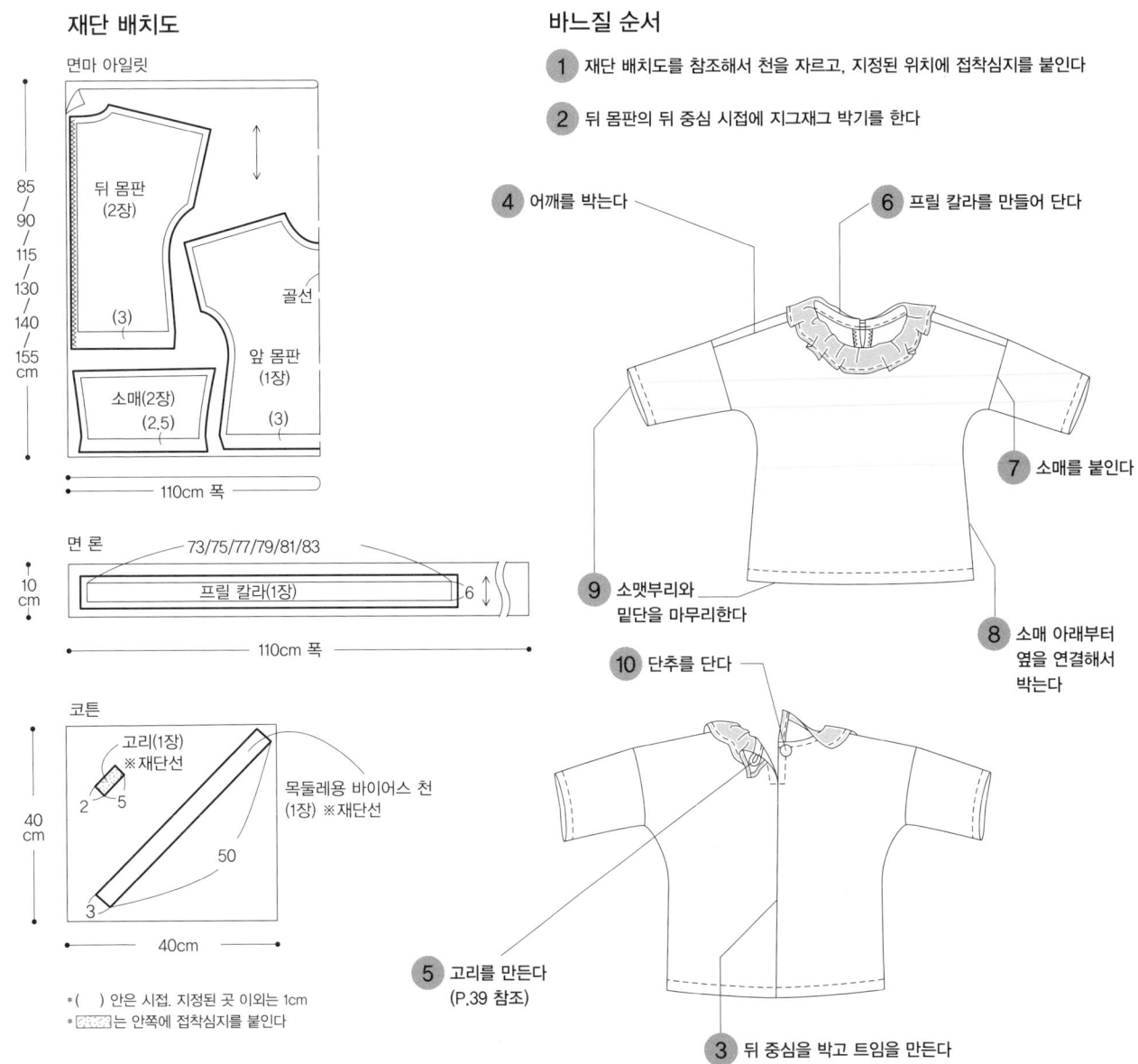

1. 재단 배치도를 참조해서 천을 자르고, 지정된 위치에 접착심지를 붙인다
2. 뒤 몸판의 뒤 중심 시접에 지그재그 박기를 한다
3. 뒤 중심을 박고 트임을 만든다
4. 어깨를 박는다
5. 고리를 만든다 (P.39 참조)
6. 프릴 칼라를 만들어 단다
7. 소매를 붙인다
8. 소매 아래부터 옆을 연결해서 박는다
9. 소맷부리와 밑단을 마무리한다
10. 단추를 단다

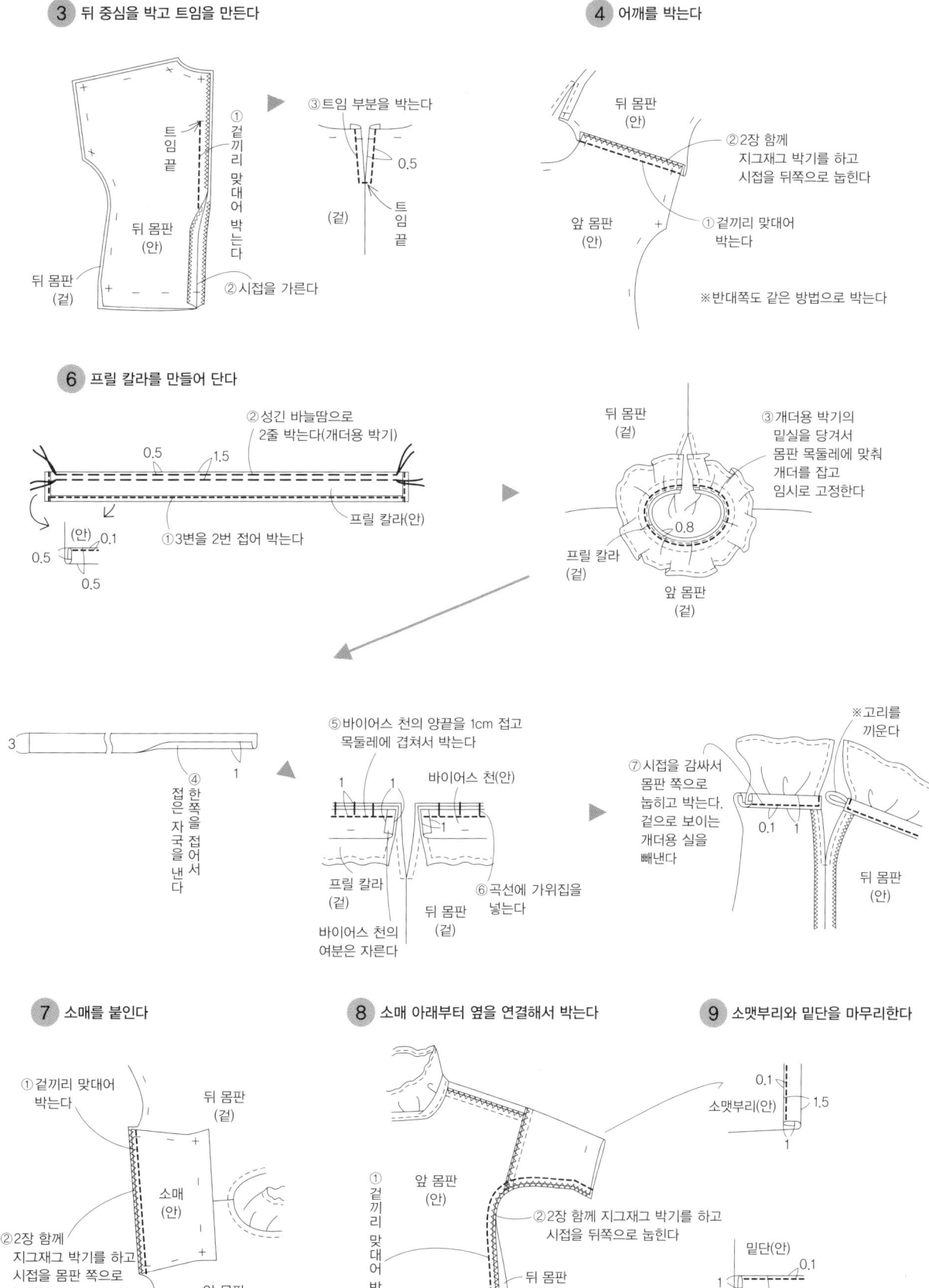

#05 심플 원피스

○ 실물 대형 옷본
C면 [05]
1-앞 몸판, 2-앞 목둘레 안단, 3-뒤 몸판, 4-뒤 목둘레 안단, 5-소매, 6-앞 허리 안단, 7-뒤 허리 안단

○ 완성 사이즈
(왼쪽부터 100/ 110/ 120/ 130/ 140/ 150 사이즈)
가슴둘레 = 74/ 78/ 82/ 86/ 90/ 94cm
옷 길이 = 58/ 64/ 70/ 76/ 80/ 84cm

○ 재료
- 리투아니아 리넨(인디고풍 스트라이프)
  140cm 폭×125/ 130/ 140/ 150/ 165/ 180cm
- 접착심지 90×20cm
- 지름 1cm 단추 1개
- 고무줄 3cm 폭×58/ 60/ 62/ 64/ 66/ 69cm(허리 사이즈에 맞춰서 조절한다)

재단 배치도

- ( ) 안은 시접. 지정된 곳 이외는 1cm
- ▨는 안에 접착심지를 붙인다

바느질 순서

1. 재단 배치도를 참조해서 천을 자르고, 지정된 위치에 접착심지를 붙인다
2. 뒤 몸판의 뒤 중심 시접에 지그재그 박기를 한다
3. 고리를 만든다 (P.39 참조)
4. 뒤 중심을 박는다
5. 어깨와 옆을 박는다
6. 소매를 만들어 붙인다
7. 목둘레 안단을 만들어 몸판에 단다
8. 허리 안단을 만들어 몸판 안쪽에 박고 고무줄을 끼운다
9. 밑단을 마무리한다
10. 단추를 단다

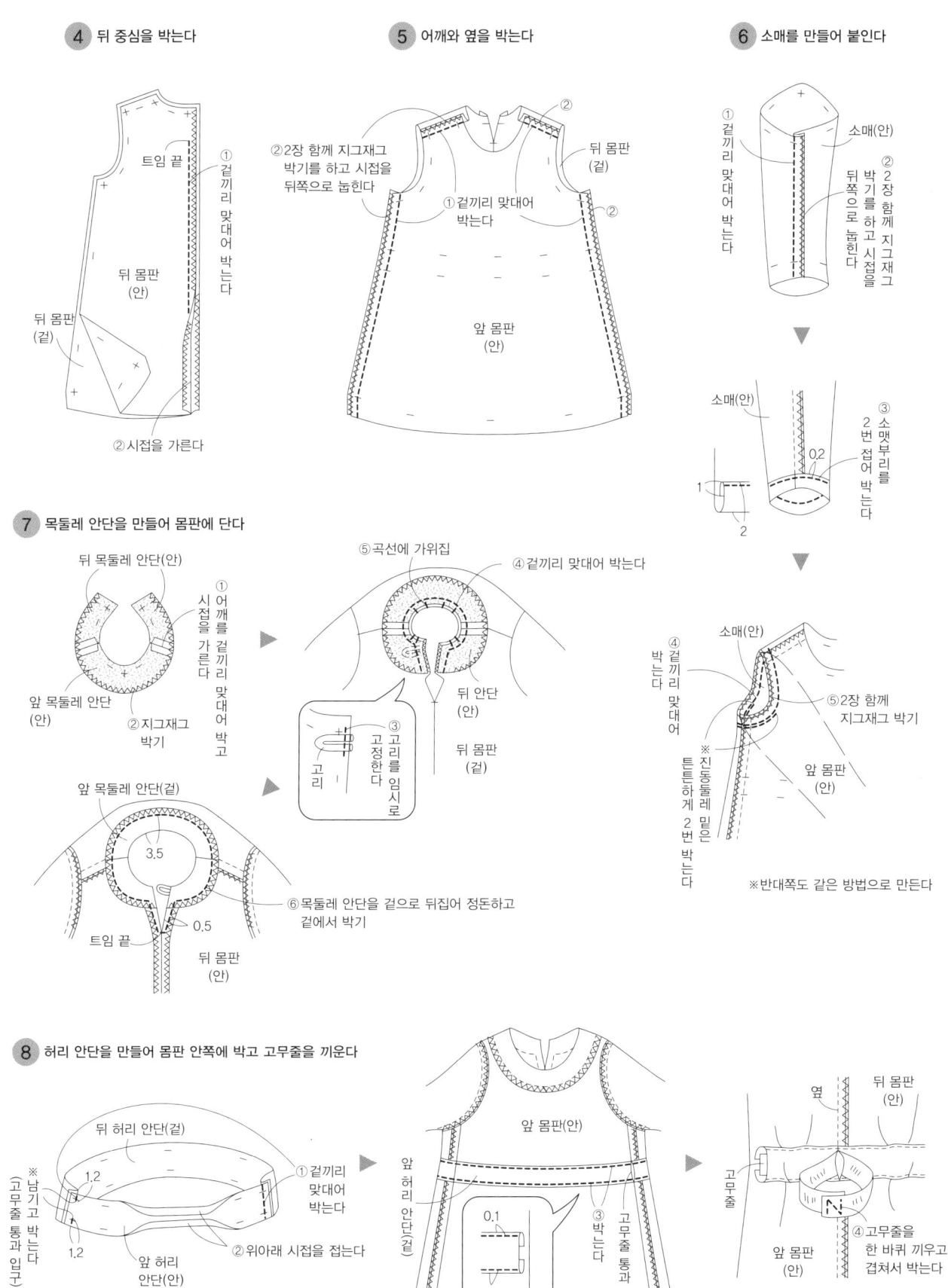

#17 플리츠 원피스

Photo: p.26

○ 실물 대형 옷본
C면 [17]
1-앞 몸판, 2-앞 안단, 3-뒤 몸판, 4-뒤 안단, 5-앞 벨트, 6-뒤 벨트

○ 완성 사이즈
(왼쪽부터 100/ 110/ 120/ 130/ 140/ 150 사이즈)
가슴둘레 = 68/ 72/ 76/ 80/ 84/ 88cm
옷 길이 = 58/ 63/ 68/ 73/ 78/ 88cm

○ 재료
• 면 트윌(레드) / 프렌치 플란넬(머스터드)
  105cm 폭×160/ 170/ 185/ 200 210/ 220cm
  *130~150 사이즈는 스커트의 천 폭이 부족하므로,
   110cm 이상의 폭을 사용
• 접착심지 90×50cm
• 지름 1cm 단추 1개

재단 배치도

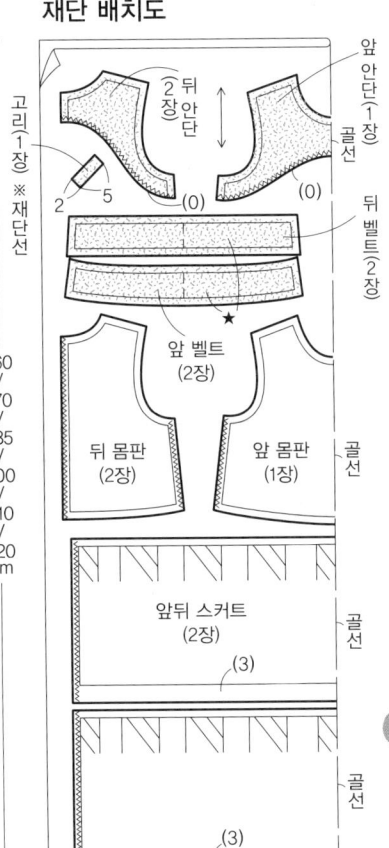

* ( ) 안은 시접. 지정된 곳 이외는 1cm
* ▨는 안쪽에 접착심지를 붙인다
★ 겉 벨트만 접착심지를 붙인다

⟨스커트 제도⟩

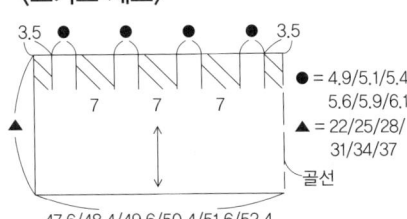

● = 4.9/5.1/5.4/ 5.6/5.9/6.1
▲ = 22/25/28/ 31/34/37

47.6/48.4/49.6/50.4/51.6/52.4

바느질 순서

1. 재단 배치도를 참조해서 천을 자르고, 지정된 위치에 접착심지를 붙인다
2. 몸판의 옆과 뒤 중심, 안단 아래 끝, 스커트 옆 시접에 지그재그 박기를 한다
3. 고리를 만든다 (P.39 참조)
4. 몸판과 안단의 어깨를 각각 박고 연결한다 (고리를 끼운다)
5. 뒤 중심을 박는다
6. 옆을 박는다
7. 벨트를 만들고 몸판과 박는다
8. 스커트를 만들고 벨트와 박는다
9. 단추를 단다

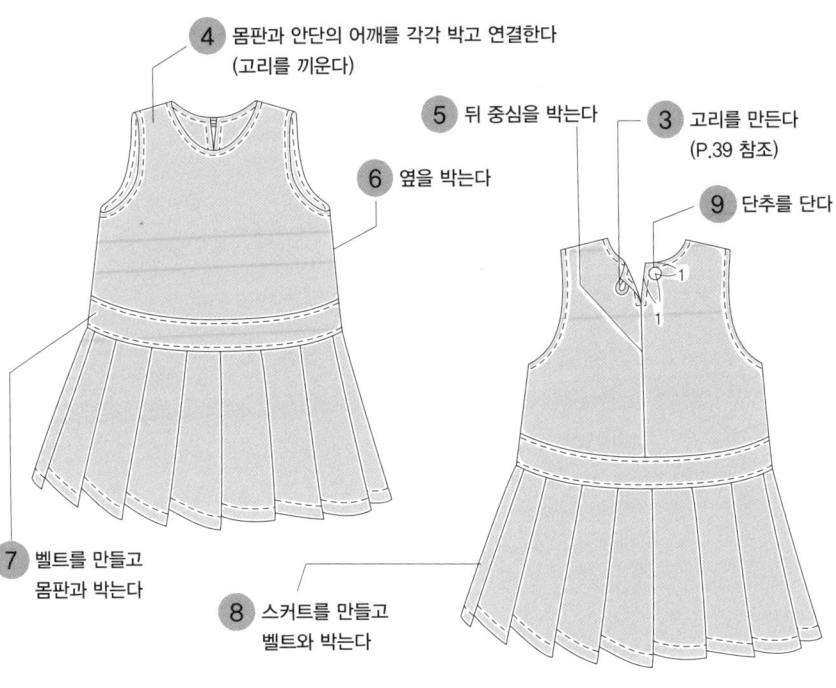

4. 몸판과 안단의 어깨를 각각 박고 연결한다

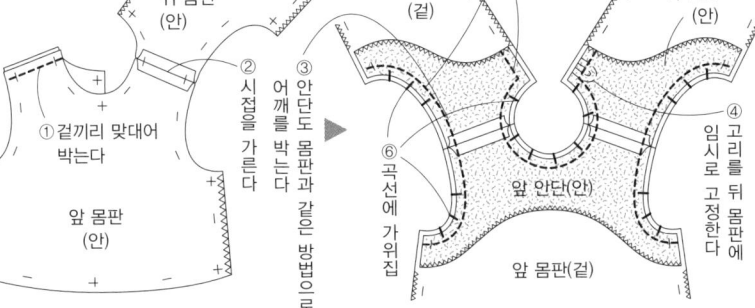

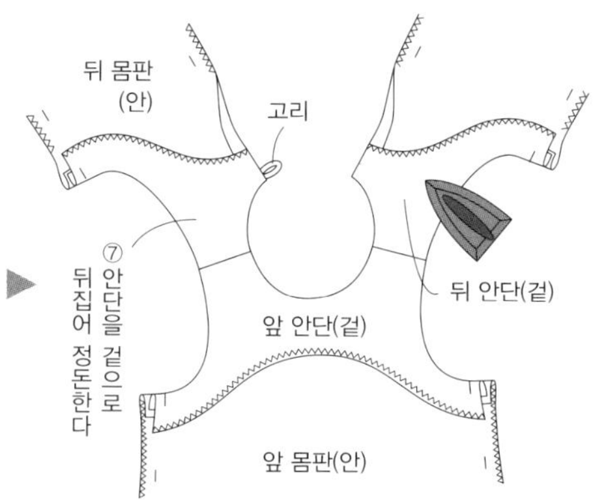

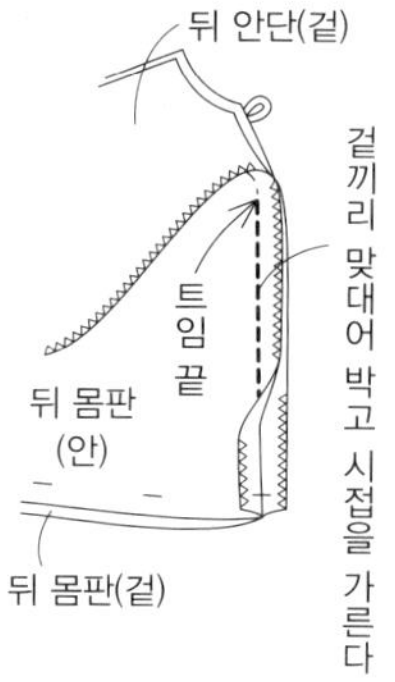

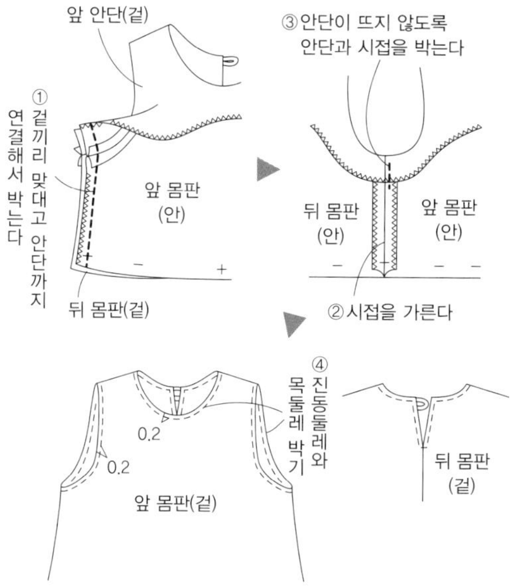

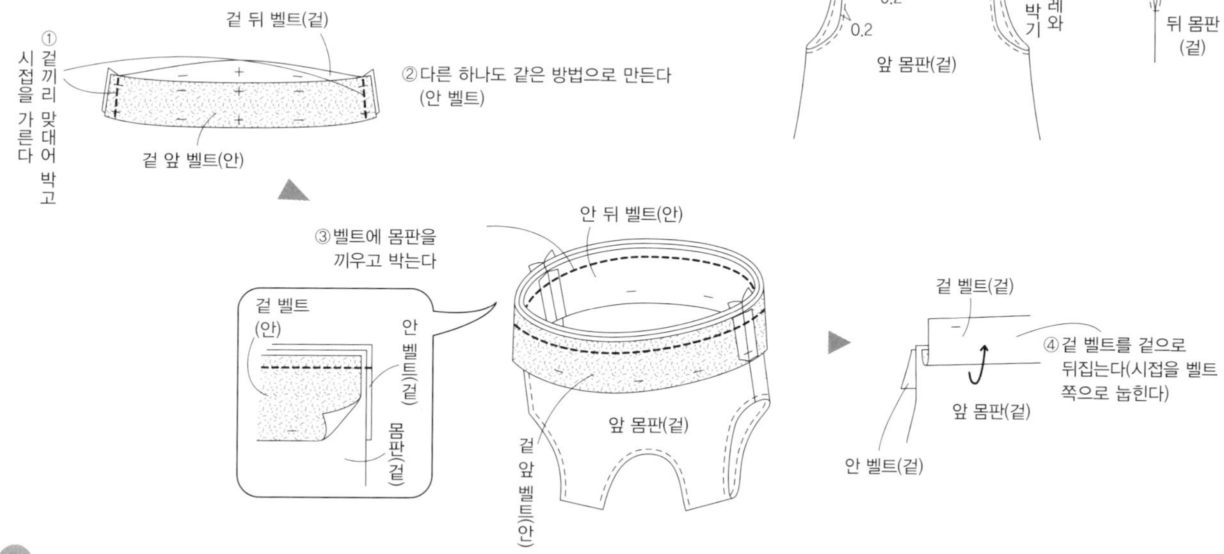

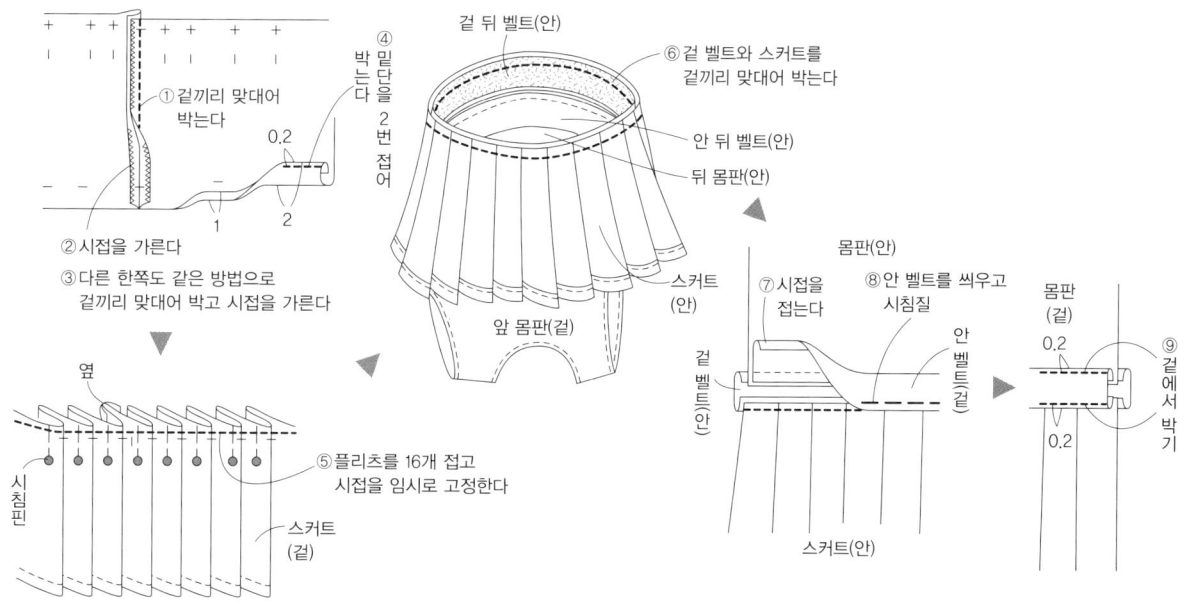

#16 킬트풍의 퀼로트 팬츠

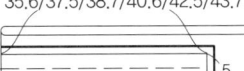

Photo: p.24

○ 실물 대형 옷본
B면 [16]
1-앞 팬츠, 2-뒤 팬츠, 3-덮는 천, 4-옆 포켓
※옆 포켓은 C면에 있다

○ 완성 사이즈
(왼쪽부터 100/ 110/ 120/ 130/ 140/ 150 사이즈)
팬츠 길이(허리 천 포함) = 31.5/ 35.5/ 38.5/ 43.5/ 48.5/ 53.5cm

○ 재료
- 선염 데님체크
  110cm 폭×140/ 150/ 150/ 170/ 180/ 200cm
- 접착 테이프 1.2cm 폭×20cm
- 고무줄 2cm 폭×46/ 48/ 50/ 52/ 54/ 57cm(허리 사이즈에 맞춰서 조절한다)
- 장식 벨트 1쌍

재단 배치도

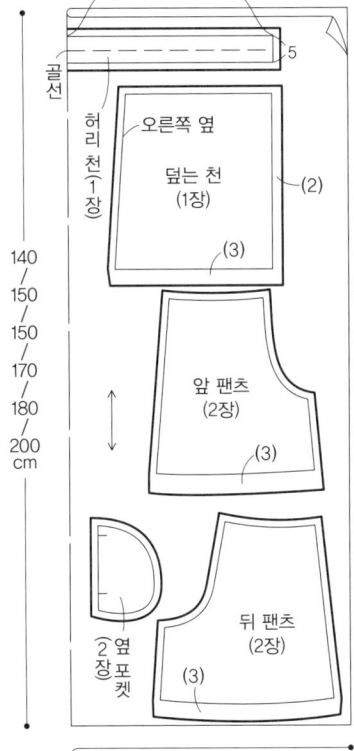

*( ) 안은 시접. 지정된 곳 이외는 1cm
*덮는 천의 겉과 안을 주의해서 재단한다.
이 재단 배치도는 안끼리 맞대어 있다.

바느질 순서

1. 재단 배치도를 참조해서 천을 자른다
2. 왼쪽 팬츠를 만든다 (옆 포켓 만드는 법은 P.40 참조)
3. 오른쪽 팬츠의 밑아래를 박는다
4. 팬츠의 밑단을 마무리한다
5. 덮는 천을 만들고 오른쪽 옆에 끼워서 박는다
6. 밑위를 박는다
7. 허리 천을 만들어 팬츠와 박고 고무줄을 끼운다 (P.55 5 7 참조)
8. 장식 벨트를 단다
※다는 위치 ★ = 4/4/5/5/6/6

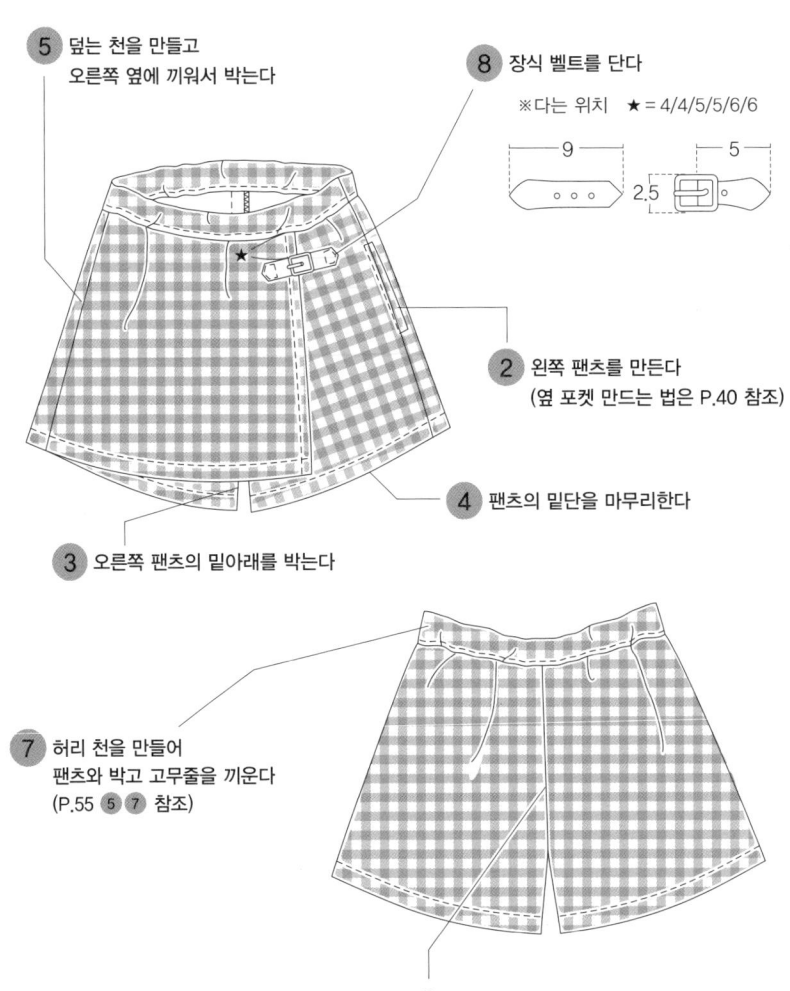

2 왼쪽 팬츠를 만든다

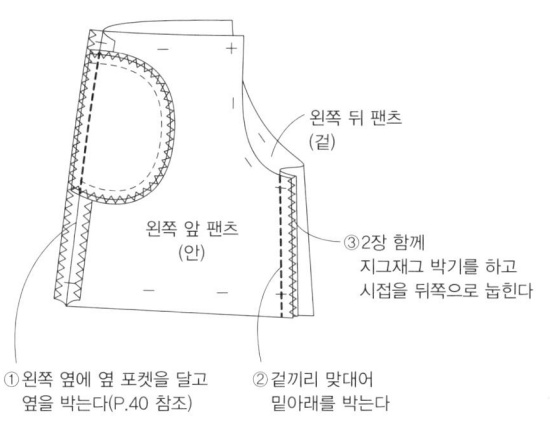

3 오른쪽 팬츠의 밑아래를 박는다

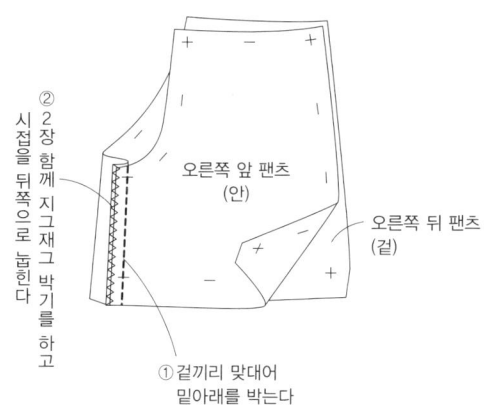

4 팬츠의 밑단을 마무리한다

5 덮는 천을 만들고 오른쪽 옆에 끼워서 박는다

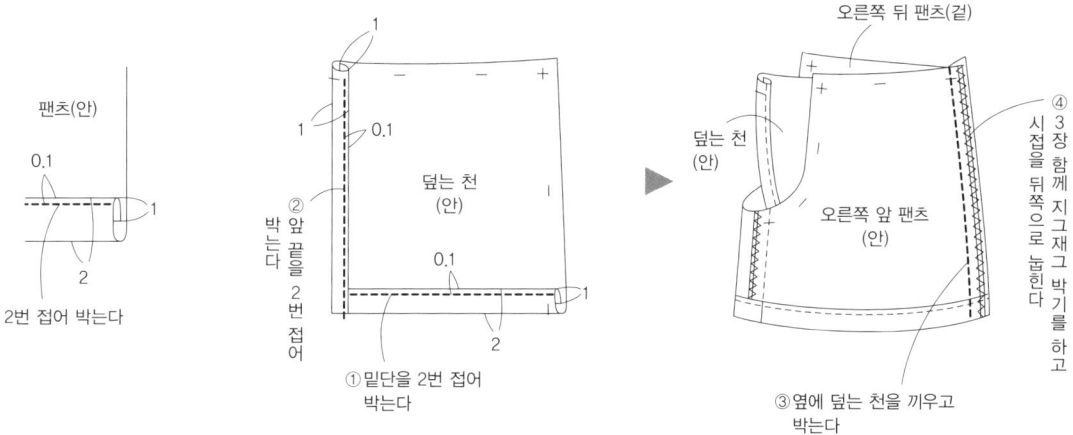

6 밑위를 박는다

#03 킬트풍의 스커트 (어른용)

○ 완성 사이즈
(왼쪽부터 S/ M/ L 사이즈)
스커트 길이(허리 천 포함) = 60/ 60/ 60cm

○ 재료
- 선염 블록체크(블루) 110cm 폭×150cm
 *무늬를 맞춰야 하는 천의 경우, 치수보다 좀 더 많은 천이 필요할 수 있다
- 고무줄 2cm 폭×55/ 60/ 65cm(허리 사이즈에 맞춰서 조절한다)
- 장식 벨트 1쌍

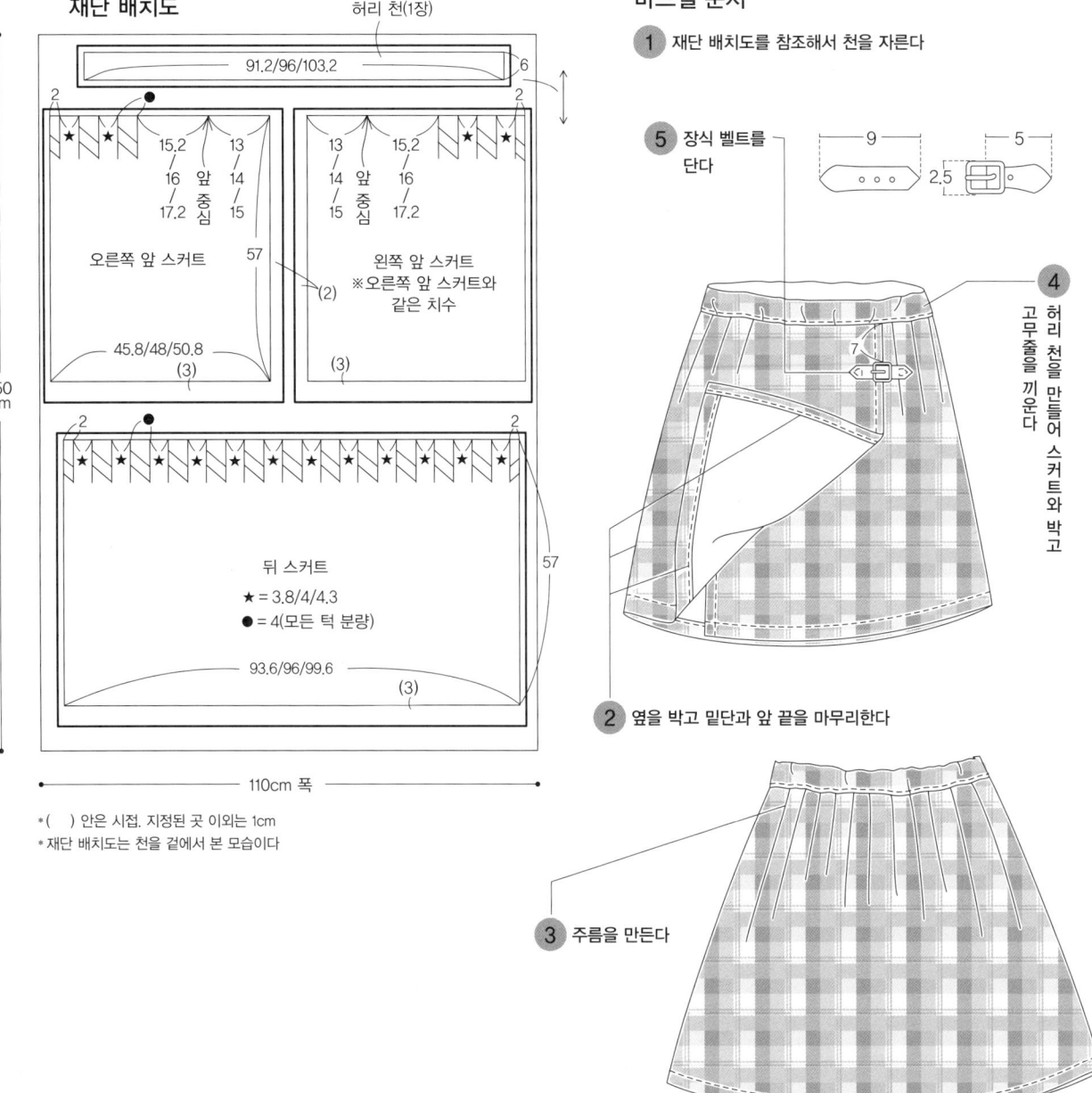

*( ) 안은 시접. 지정된 곳 이외는 1cm
*재단 배치도는 천을 겉에서 본 모습이다

2 옆을 박고 밑단과 앞 끝을 마무리한다

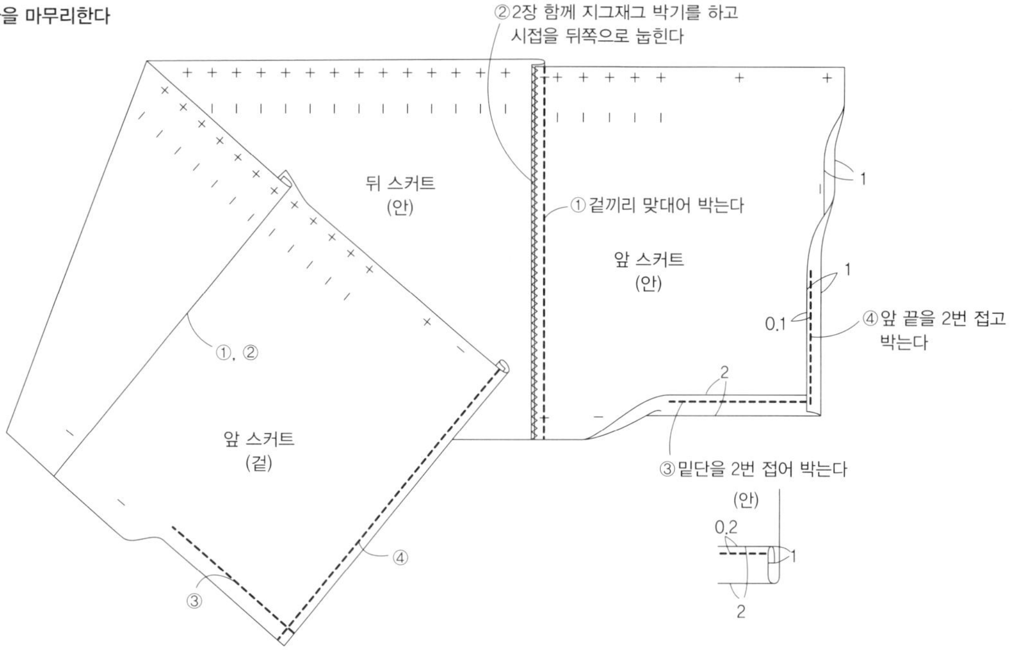

① 겉끼리 맞대어 박는다
② 2장 함께 지그재그 박기를 하고 시접을 뒤쪽으로 눕힌다
③ 밑단을 2번 접어 박는다
④ 앞 끝을 2번 접고 박는다

뒤 스커트 (안)
앞 스커트 (안)
앞 스커트 (겉)

3 주름을 만든다

① 주름을 17개 접는다
② 시접을 임시로 고정한다
③ 앞을 겹쳐 임시로 고정한다

앞 중심을 맞춘다

앞 스커트 (겉)
뒤 스커트 (겉)

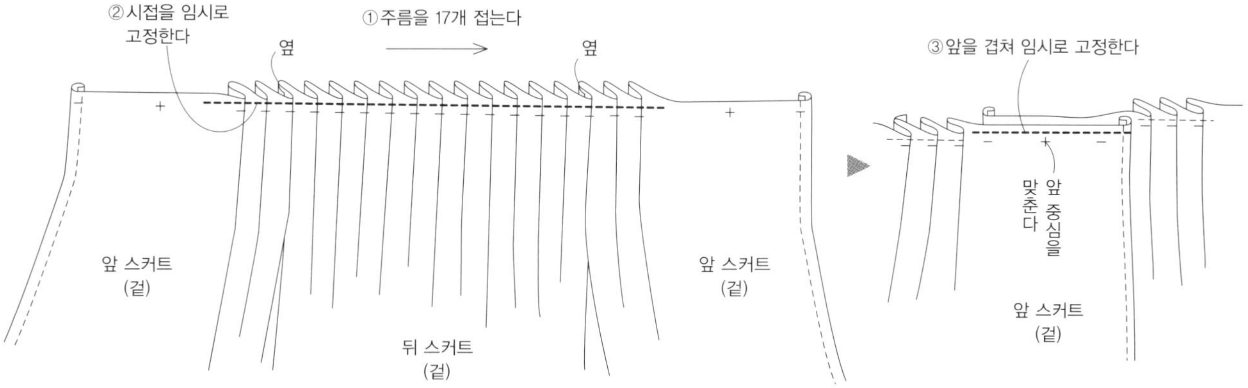

4 허리 천을 만들어 스커트와 박고 고무줄을 끼운다

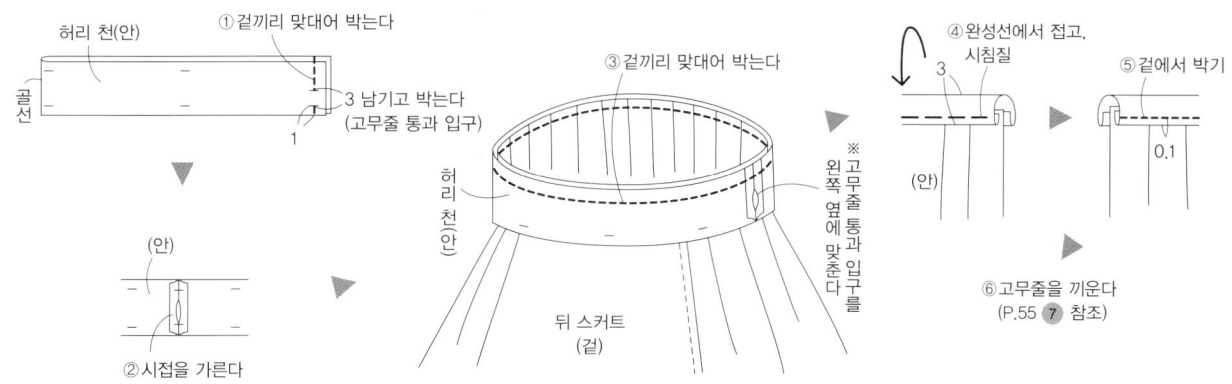

① 겉끼리 맞대어 박는다
3 남기고 박는다 (고무줄 통과 입구)
② 시접을 가른다
③ 겉끼리 맞대어 박는다
※ 고무줄 통과 입구를 왼쪽 옆에 맞춘다
④ 완성선에서 접고, 시침질
⑤ 겉에서 박기
⑥ 고무줄을 끼운다 (P.55 ⑦ 참조)

허리 천(안)
골선
뒤 스커트 (겉)

#19 턱 스커트

Photo: p.30

○완성 사이즈
(왼쪽부터 100/ 110/ 120/ 130/ 140/ 150 사이즈)
스커트 길이(허리 천 포함) = 28/ 31/ 34/ 37/ 40/ 43cm

○재료
- 기모 보더(원사×네이비)
  110cm 폭×85/ 90/ 95/ 100/ 110/ 115cm
- 고무줄 2cm 폭×46/ 48/ 50/ 52/ 54/ 57cm(허리 사이즈에 맞춰서 조절한다)

재단 배치도

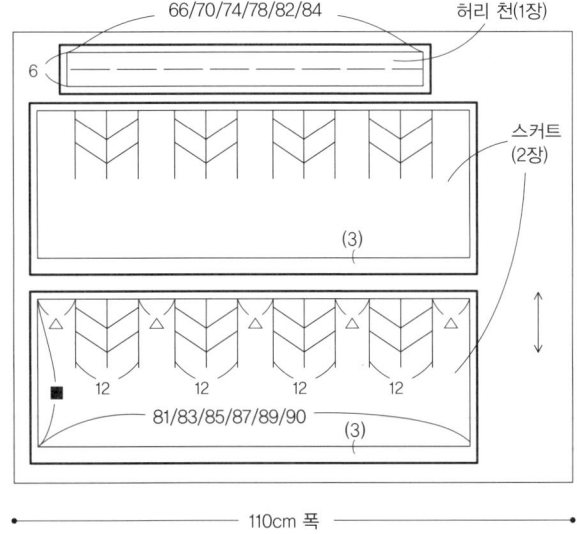

- 허리 천(1장) 66/70/74/78/82/84
- 스커트(2장)
- 85/ 90/ 95/ 100/ 110/ 115 cm
- 81/83/85/87/89/90
- 110cm 폭
- *( ) 안은 시접. 지정된 곳 이외는 1cm
- △ = 6.6/7/7.4/7.8/8.2/8.4
- ■ = 25/28/31/34/37/40

바느질 순서

1. 재단 배치도를 참조해서 천을 자른다
2. 턱을 만든다
3. 옆을 박는다
4. 허리 천을 만들어 스커트와 박고 고무줄을 끼운다
5. 밑단을 마무리한다

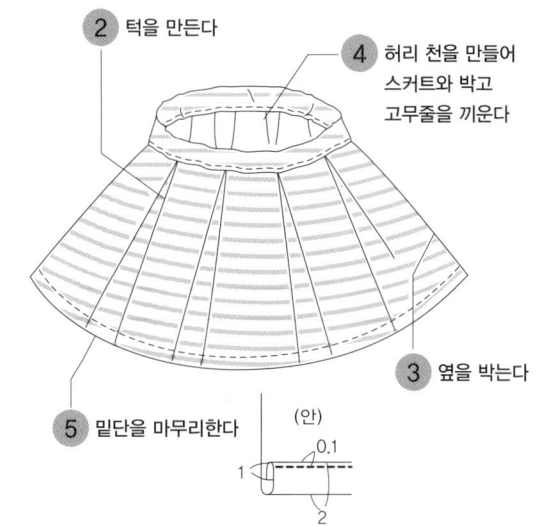

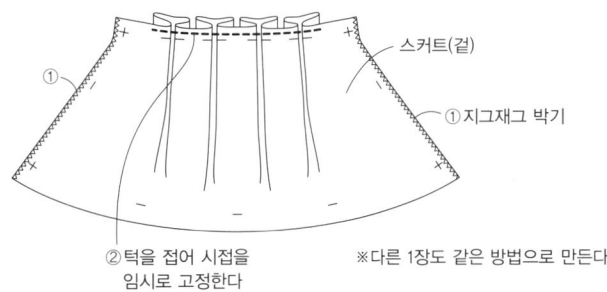

② 턱을 만든다
- 스커트(겉)
- ①지그재그 박기
- ②턱을 접어 시접을 임시로 고정한다
- ※다른 1장도 같은 방법으로 만든다

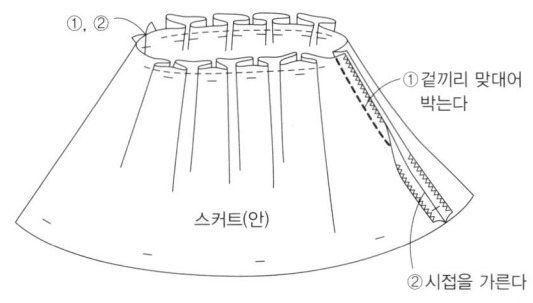

③ 옆을 박는다
- ①겉끼리 맞대어 박는다
- 스커트(안)
- ②시접을 가른다

④ 허리 천을 만들어 스커트와 박고 고무줄을 끼운다

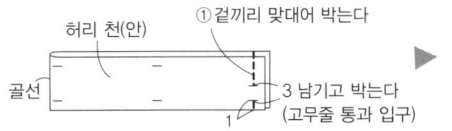

- 허리 천(안)
- 골선
- ①겉끼리 맞대어 박는다
- 3 남기고 박는다 (고무줄 통과 입구)

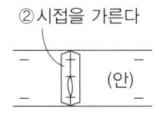

- ②시접을 가른다
- (안)

③스커트와 박는다(P.71 ④ 참조)
④고무줄을 끼운다(P.55 ⑦ 참조)

#09 가우초 팬츠

Photo: p.17

○ 실물 대형 옷본
B면 [09]
1-앞 팬츠, 2-뒤 팬츠, 3-포켓

○ 완성 사이즈
(왼쪽부터 100/ 110/ 120/ 130/ 140/ 150 사이즈)
팬츠 길이(허리 천 포함) = 37.5/ 41.5/ 44.5/ 49.5/ 54.5/ 59.5cm

○ 재료
· 데님 10온스
  110cm 폭×100/ 110/ 130/ 140/ 150/ 150cm
· 접착 테이프 1.2cm 폭×40cm
· 고무줄 2cm 폭×46/ 48/ 50/ 52/ 54/ 57cm(허리 사이즈에 맞춰서 조절한다)
· 흰색 재봉실(약간 굵은 두꺼운 천용 실 사용)

재단 배치도

35.6/ 37.5/ 38.7/ 40.6/ 42.5/ 43.7

100/110/130/140/150/150 cm

110cm 폭

*( ) 안은 시접. 지정된 곳 이외는 1cm

바느질 순서

1. 재단 배치도를 참조해서 천을 자른다
2. 포켓을 만든다(P.54 ② 참조)
   ※더블스티치. 아래 그림 참조
3. 밑아래와 옆을 박는다(P.55 ③ 참조)
   ※옆은 더블스티치. 아래 그림 참조
4. 밑위를 박는다(P.55 ④ 참조)
5. 허리 천과 팬츠를 박는다(P.55 ⑤ 참조)
6. 밑단을 마무리한다
7. 고무줄을 끼운다(P.55 ⑦ 참조)

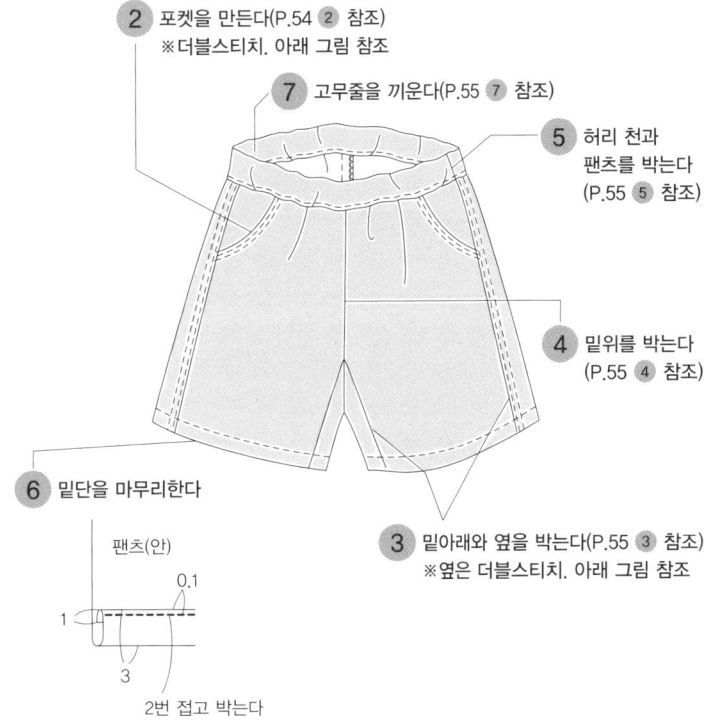

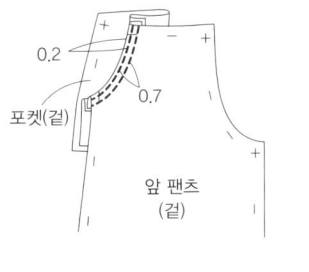

2번 접고 박는다

〈더블스티치 치수〉

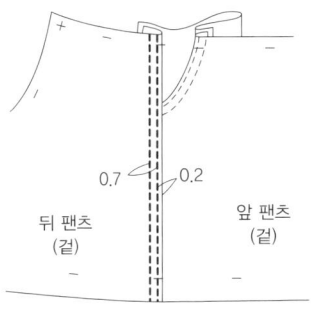

#21 드롭 숄더 코트

Photo: p.32

○ 실물 대형 옷본
D면 [21]
1-앞 몸판, 2-앞 안단, 3-뒤 몸판, 4-뒤 안단, 5-칼라, 6-소매, 7-소맷부리 벨트, 8-포켓

○ 완성 사이즈
(왼쪽부터 100/ 110/ 120/ 130/ 140/ 150 사이즈)
가슴둘레 = 86/ 90/ 94/ 98/ 102/ 106cm
옷 길이 = 41/ 45/ 47/ 50/ 54/ 59cm

○ 재료
• 두꺼운 코트(베이지)
  110cm 폭×145/ 150/ 160/ 170/ 180/ 190cm
• 접착심지 90×70cm
• 지름 1.8cm 단추 6개

재단 배치도

* ( ) 안은 시접. 지정된 곳 이외는 1cm
* ▨는 안쪽에 접착심지를 붙인다. 칼라는 겉 칼라에 붙인다

바느질 순서

1. 재단 배치도를 참조해서 천을 자르고, 지정된 위치에 접착심지를 붙인다
2. 몸판의 어깨와 옆, 소매 아래, 포켓 주위 시접에 지그재그 박기를 한다

5. 어깨와 옆을 박는다
7. 칼라를 만든다
6. 소맷부리 벨트를 달아서 소매를 만들고 몸판에 붙인다
4. 포켓을 만들어 단다
9. 단춧구멍을 만들고 단추를 단다
8. 안단을 만들어 몸판과 박고 밑단을 마무리한다
3. 턱을 만든다

3 턱을 만든다

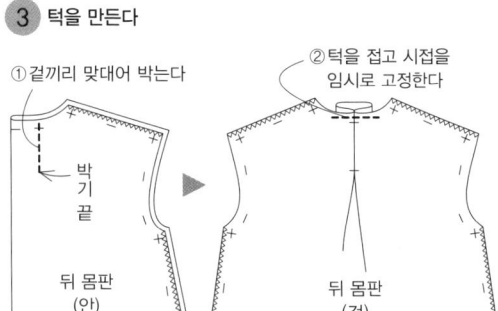

①겉끼리 맞대어 박는다
②턱을 접고 시접을 임시로 고정한다

4 포켓을 만들어 단다

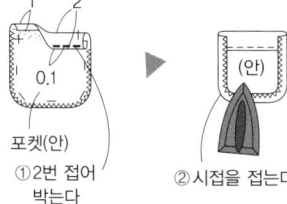

①2번 접어 박는다
②시접을 접는다

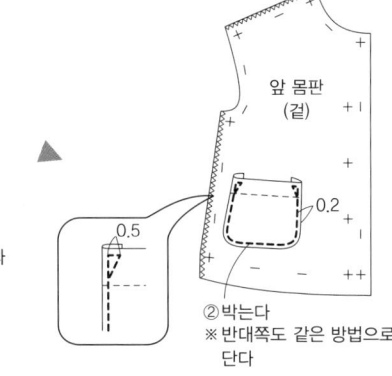

②박는다
※반대쪽도 같은 방법으로 단다

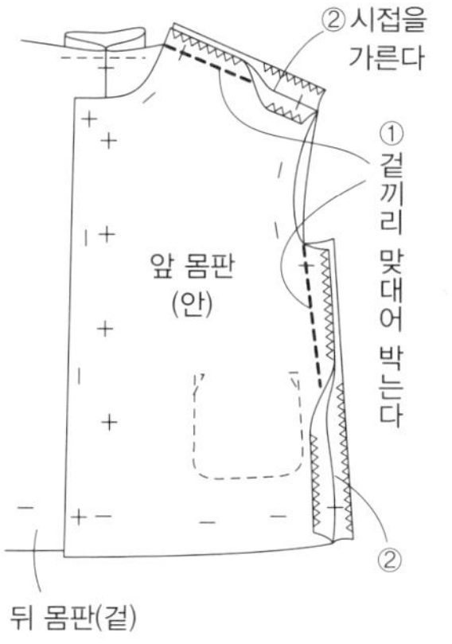

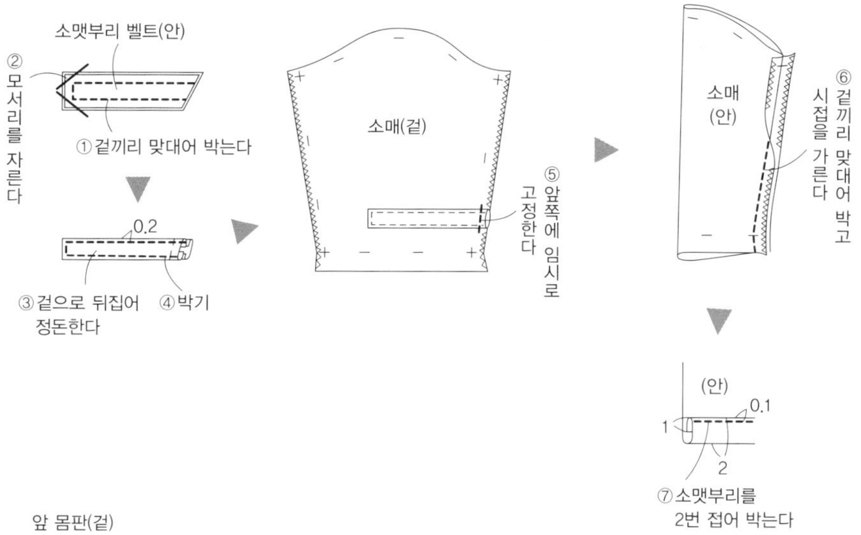

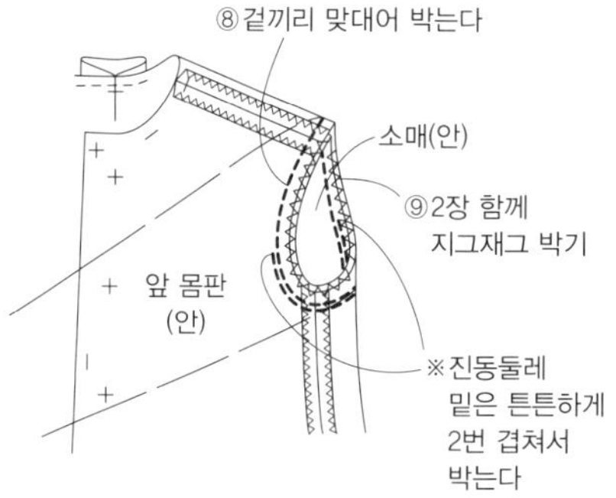

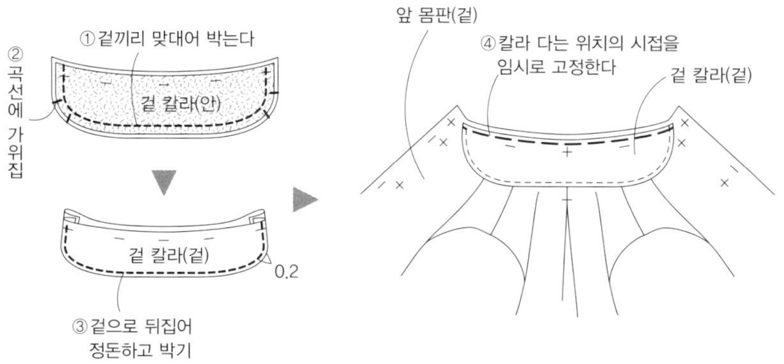

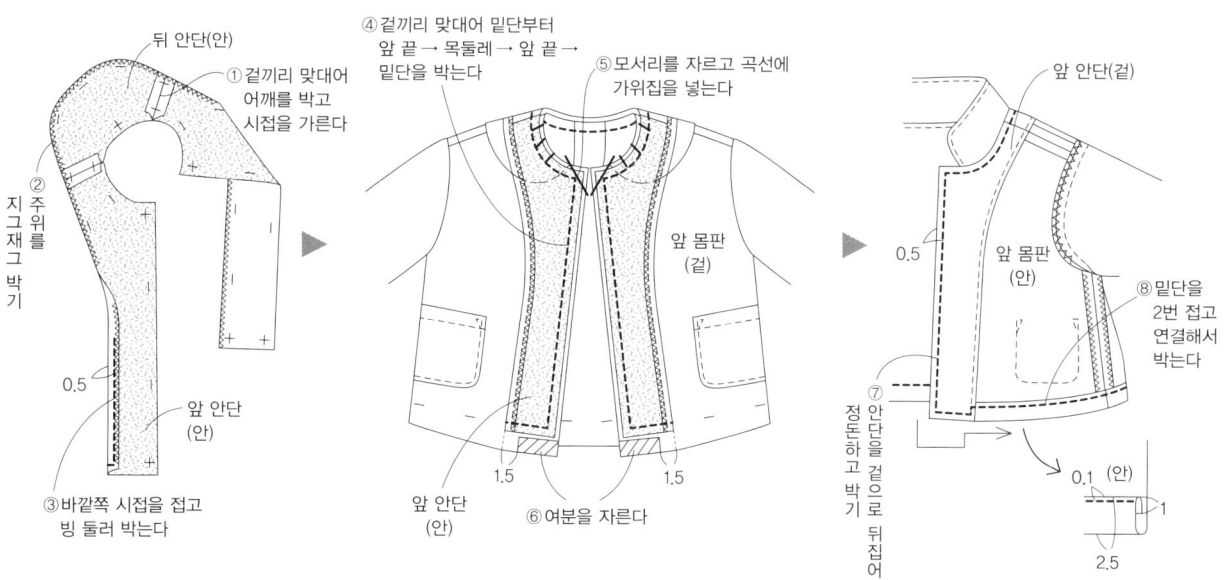

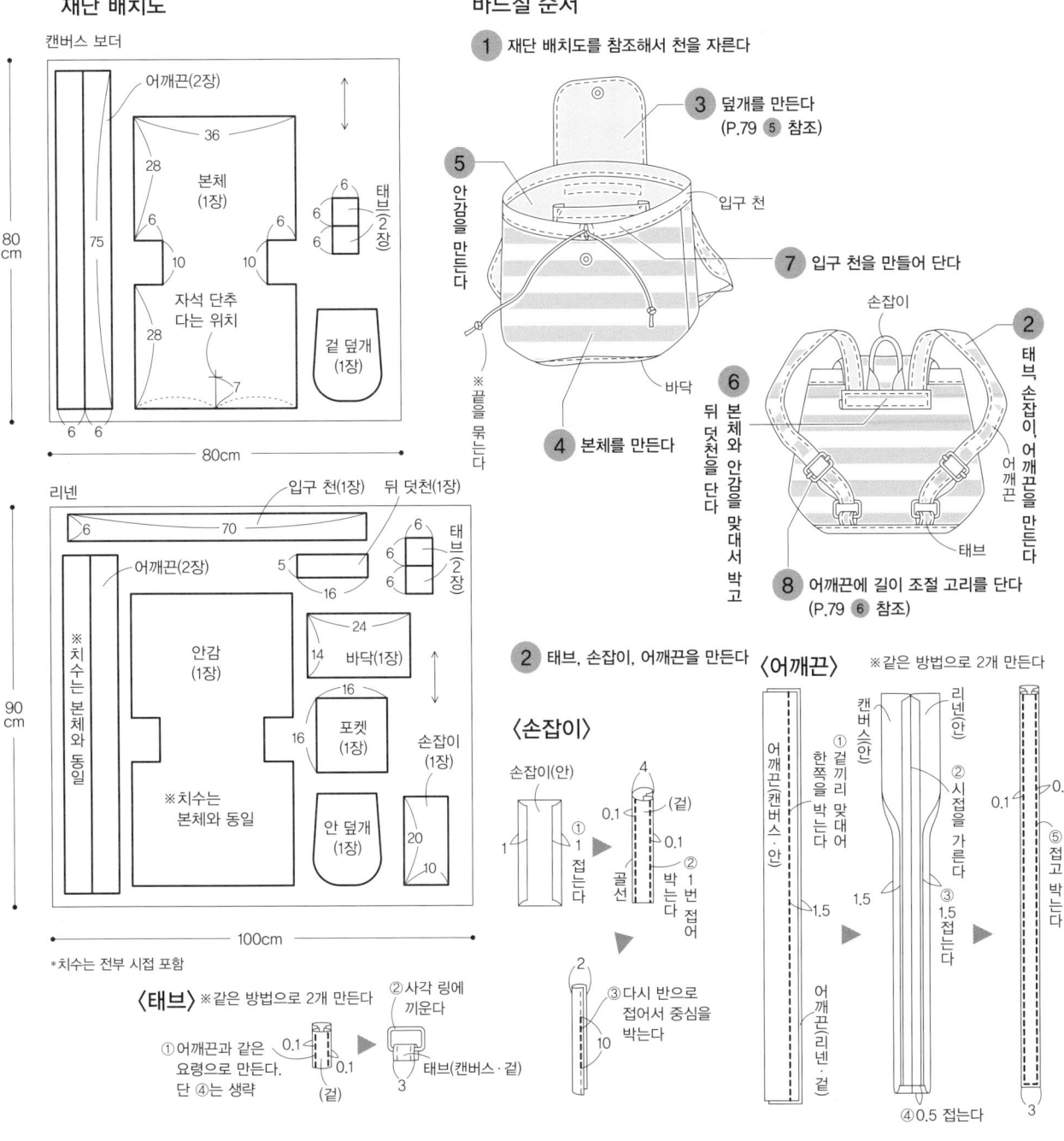

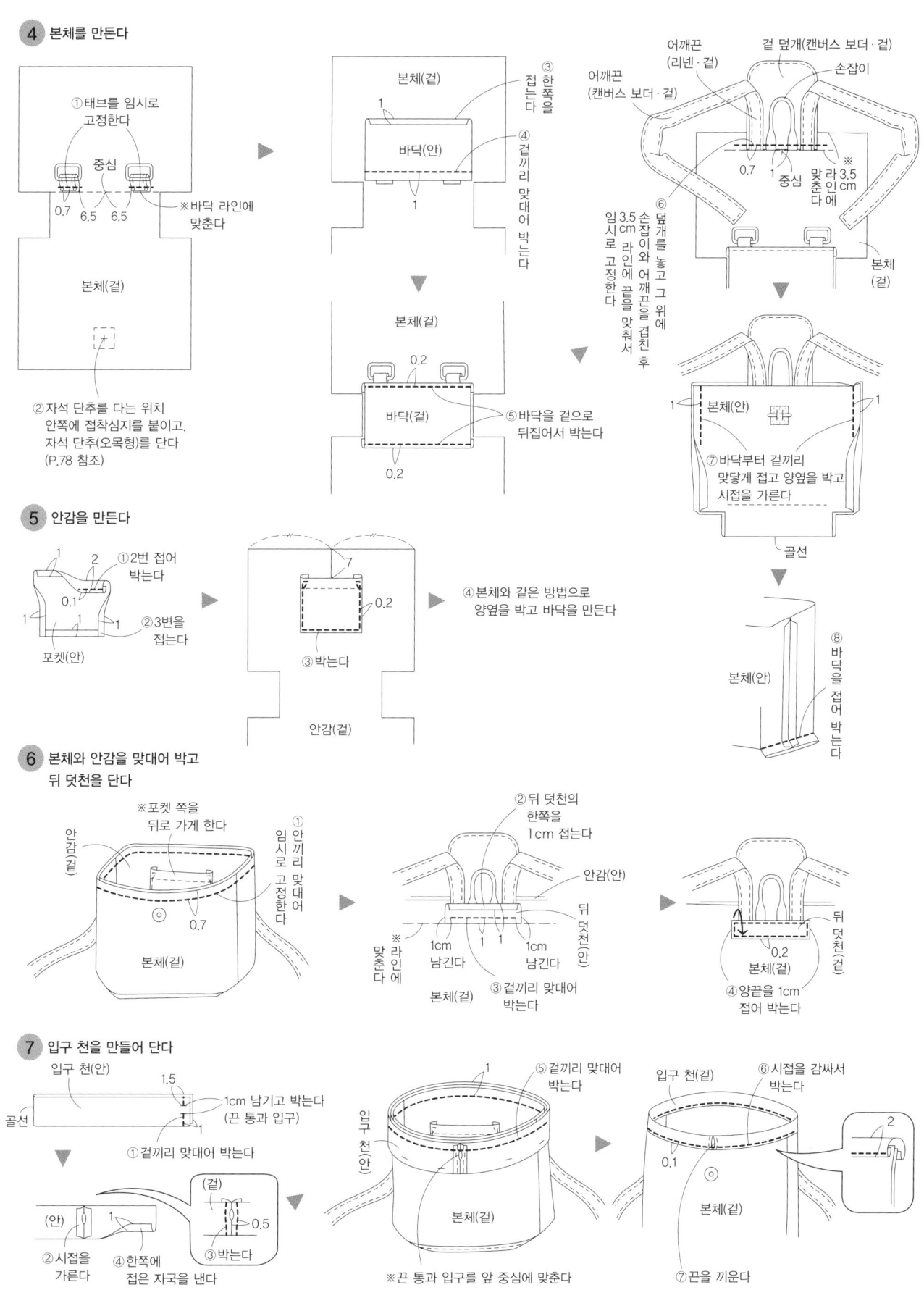

#20 숄더백

○ 실물 대형 옷본
D면 [20]
1-덮개

○ 완성 사이즈
높이 7×폭 28×바닥 10cm

○ 재료
- 마 캔버스(그레이) 90×110cm
- 면 스트라이프 60×55cm
- 접착심지 10×10cm
- 2.5cm 사각 링 1개
- 2.5cm 길이 조절 고리 1개
- 지름 1.8cm 자석 단추 1쌍
- 브로치 핀 1개

Photo: p.30

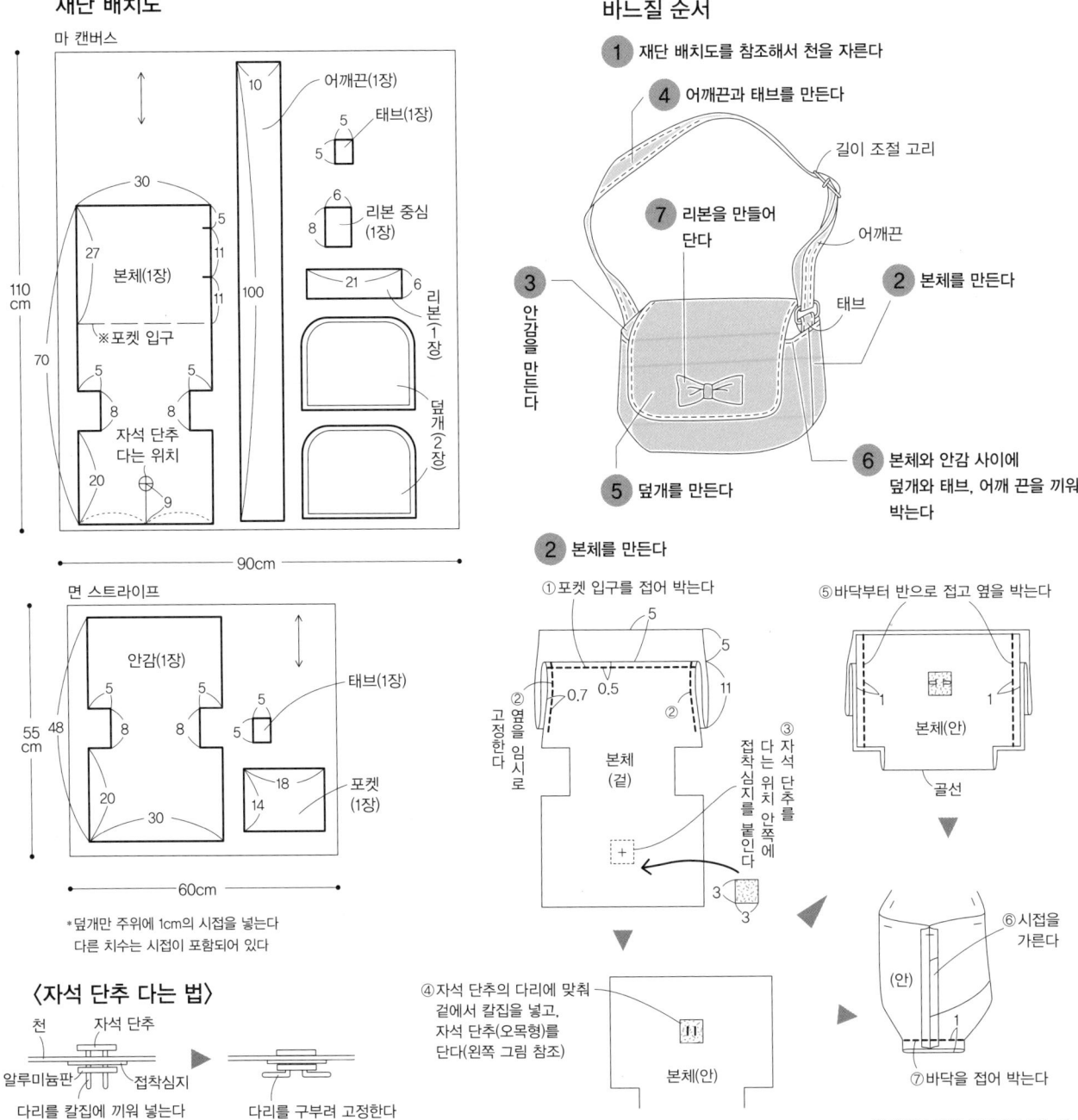

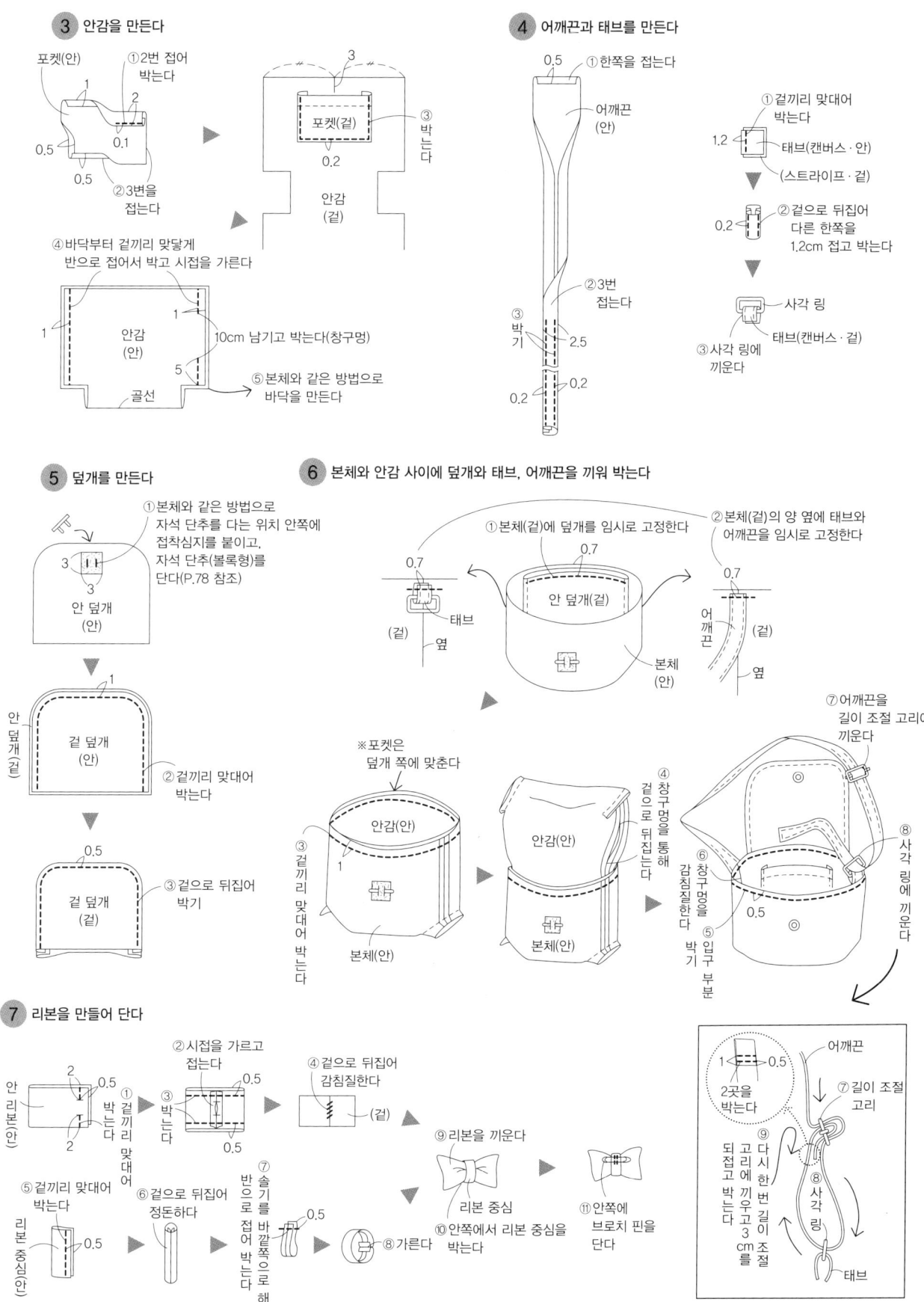

a sunny spot Onna No Ko Simple De Kawaii Fuku(NV80467)
Copyright ⓒ Mayuko Murata / NIHON VOGUE-SHA 2015
Photographer: Atsuko Chiba, Makiko Shimoe
First published in Japan in 2015 by Nihon Vogue Co., Ltd.
Korean translation rights arranged with Nihon Vogue Co., Ltd.
through Shinwon Agency Co.
Korean translation edition Copyright ⓒ 2016 by Iaso Publishing Co.

이 책의 한국어판 저작권은 신원에이전시를 통한
Nihon Vogue Co., Ltd.와의 독점 계약으로 도서출판 이아소에 있습니다.
저작권법에 의해 한국 내에서 보호를 받는 저작물이므로 무단전재와 무단복제를 금합니다.

심플하고 귀여운 여자아이 옷

초판 1쇄 발행 2016년 4월 20일
초판 4쇄 발행 2021년 5월 10일

지은이 무라타 마유코
옮긴이 황선영
감 수 문수연
펴낸이 명혜정
펴낸곳 도서출판 이아소
디자인 황경성

등록번호 제311-2004-00014호
등록일자 2004년 4월 22일
주소 04002 서울시 마포구 월드컵북로5나길 18 1012호
전화 (02)337-0446 **팩스** (02)337-0402

책값은 뒤표지에 있습니다.
ISBN 979-11-87113-03-4 13590

도서출판 이아소는 독자 여러분의 의견을 소중하게 생각합니다.
E-mail: iasobook@gmail.com

이 도서의 국립중앙도서관 출판예정도서목록(CIP)은 서지정보유통지원시스템 홈페이지
(http://seoji.nl.go.kr)와 국가자료공동목록시스템(http://www.nl.go.kr/kolisnet)에서
이용하실 수 있습니다. (CIP제어번호 : CIP2016008639)